"中小学主题班会教程"系列班会案例

小学系列班会课

（Ⅱ）

卜恩年 秦望 主编

中原出版传媒集团
中原传媒股份公司

大象出版社
·郑州·

图书在版编目(CIP)数据

小学系列班会课. Ⅱ / 卜恩年主编. — 郑州：大象出版社, 2020.3
ISBN 978-7-5711-0354-5

Ⅰ. ①小… Ⅱ. ①卜… Ⅲ. ①班会-小学-教学参考资料 Ⅳ. ①G625.5

中国版本图书馆CIP数据核字(2019)第226340号

小学系列班会课　Ⅱ

XIAOXUE XILIE BANHUI KE　Ⅱ

卜恩年　主编

出 版 人	王刘纯
策　　划	梁金蓝
责任编辑	连　冠
责任校对	牛志远
装帧设计	王　敏

出版发行	大象出版社(郑州市郑东新区祥盛街27号　邮政编码450016) 发行科 0371-63863551　总编室 0371-65597936
网　　址	www.daxiang.cn
印　　刷	河南文华印务有限公司
经　　销	各地新华书店经销
开　　本	720 mm×1020 mm　1/16
印　　张	13
字　　数	196千字
版　　次	2020年3月第1版　2020年3月第1次印刷
定　　价	32.00元

若发现印、装质量问题，影响阅读，请与承印厂联系调换。

印厂地址　新乡市获嘉县亢村镇工业园
邮政编码　453800　　　电话　0373-5969992　5961789

本书编委会

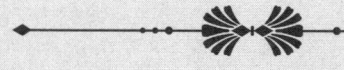

主 编

卜恩年　秦　望

副主编

刘习洪　凌　善　杨　兵　华林飞

编 委

余婷婷　陆伟平　黄怡倩　戴雯艳
钟　玲　鞠其艳　陈君玲　刘　璐
钱　猛　吴　虹　文秀娣　张　超
甘名文　吴　静　吴红梅　田　英
黄　宁　朱建婷　魏　敏　牛立强
杜鹏飞　李晓慧

专注班会十余载，开创研究新时代

——为8+1班主任工作室喝彩

300多节班会，90个主题，10本班会教学参考书，全国各地100余位班主任参与编写，这是一组多么令人振奋的数字。

序列化、系列化、阶梯化、实用化四大鲜明特点，把班会研究推到一个新时代。

这是哪个部门主持的宏大项目？有人告诉我，这不是行政部门组织的，它是民间学术团队的自发行为。

我是业已退休的老班主任，乐于扶持青年班主任成长，我与秦望老师结识近十年了，那时他们的校本团队还处于起步阶段，我编书时经常向他们约稿。我知道他们专注于班会研究，没想到十年间星星之火渐成燎原之势，他们创办了《班会月刊》，合作建设"班会网"，组建了全国性的班会研究团队，制定民间版的"班会课程标准"。在丁如许老师的"魅力班会课"方法论、案例卷、对策集、教案选书系列的基础上推出小学、初中、高中班会教学参考书、实操手册系列，我为他们的成绩喝彩，为他们的进步欢欣鼓舞。

是什么原因让他们取得如此巨大的成绩呢？

一是梦想。他们推崇杨昌济的"欲栽大木拄长天"，立志要培养这样的人：有远大的理想并能执着追求的人；积极阳光、永不抱怨、心存感恩的人；品德高尚、心胸宽广的人；有着丰富的情感，懂得爱自己，也能爱别人的人；让别人幸福,自己也很幸福的人;博学多才的大师、能人;有中国灵魂、世界眼光的现代人。要想让学生有远大的梦想,老师应该先有美好的教育理想。很难设想,一个没有上进心、不具备终身学习意识的班主任如何能够培养出出色的人才。

因此,他们说,我们每个人都是一名"学者",与时俱进,活到老,学到老。我们共同追求这样的境界:远离浮躁,追求宁静;远离肤浅,追求丰盈;远离低俗,追求高贵;远离专制,追求民主;远离私情,追求公正;远离平庸,追求卓越。用爱心温暖爱心,用智慧启迪智慧,用人格塑造人格;为学生的终身幸福,为学校的持续发展,为民族的伟大复兴,为中国的未来崛起,培养高素质的公民。

二是热爱。我去济源市第一中学讲学,看到8+1班主任工作室墙壁上的共同宣言:"我们都是普通的人,但对教育事业的热爱让我们不甘于普通;我们都是平凡的教师,但对学生的热爱让我们不甘于平凡。行动起来,我们共同倾听专家和同伴的声音,我们共同追寻教育的理想和真谛,我们共同书写人生的幸福和美丽!"我知道他们的工作是非常繁重劳累的,工作时间长,压力大,但他们仍然背着重负跳舞,没有对事业的热爱是无论如何也撑不住如此重负的。著名作家路遥说:"只有初恋般的热情和宗教般的意志,人才有可能成就某种事业。"他们用自身的行动诠释了这样的道理:教师应该做理想主义者。这是教育本身的内在要求,它需要有追求完美人格的精神、海纳百川的胸襟、追求卓越的品质、天人合一的情怀、自强不息的意志、敢为人先的魄力、诚信公正的操守、浪漫时尚的气质、白璧无瑕的品格。所以有人说,教育需要信徒和殉道者来朝圣,需要肉体的投入、灵魂的参与和精神生命的支撑。

因为他们心中有火一般的对教育事业的热爱,所以他们能够以充沛的精力、满腔的热情去奋斗、去拼搏、去追求。美国作家德士特·耶格、约翰·马森在《追求》一书中写道:"人生最重要的就是找到值得追求的梦想——当实现这个梦想后,再追求更大的梦想。追求改变一切,追求会让你心驰神往,让你能量倍增,让你精力集中,带给你不可思议的收获。"事业心是他们十年前行的航向标,追求是班主任巨大的动力源。班主任需要高扬追求的大旗。在逆境中,只要这面大旗在,什么困难都不在话下,就有希望,就能转败为胜;在顺境中,只要这面大旗在,就不会沉溺于纸醉金迷、花前月下。班主任高扬追求这面大旗,就能攀上更高的险峰。我们或许没有理想的生活，但是我们要有生活的理想。只要有追求，心中就会涌动希望的浪花，即使在滴水成凌、百花凋敝的数九隆冬，也能感觉到春天的脚步。

三是专注。秦望说："成功的路上地广人稀，因为能坚持下来的人太少。"何谓"8+1"？"8"指的是工作时间，"1"指的是业余时间。"工作时间决定你的现在，业余时间决定你的未来。"团队成员要在工作时间一心一意，在业余时间多读一点，多思一点，多写一点，多研一点。他们坚持群体修炼"十大行动"：扎实开展阶梯阅读活动，坚持多种模式日常研修，建设德育课程资源库，编写工作室读本系列，实施三年师生共读计划，探索工作室亲子教育，实现师生共写日志周记，开发课程培养团队专家，扩大对外学术交流，搭建工作室网站平台。他们还坚持个体修炼的"十项功课"：每天坚持谈诵听读写、每月读一本班主任杂志，每学期看一部教育影视片，每学期听一次专家讲座，每个月上一节精品班会，每星期做一次心理辅导，每星期写一篇教育随笔，每学期做一次主题演讲，每学年写一篇德育论文，每学年做一次文化旅行。正是由于长期坚持修炼，十年如一日做功课，他们才能走到今天。

格拉德威尔在《异类》中提出"一万小时定律"。他认为，人们眼中的天才之所以卓越非凡，并非天资超人一等，而是付出了持续不断的努力。一万个小时的锤炼是人从平凡变成超凡的必要条件。写出《明朝那些事儿》的当年明月，5岁开始看历史，11岁之前读了7遍《上下五千年》，11岁后开始看"二十四史"和《资治通鉴》，然后是《明实录》《清实录》《明史纪事本末》《明通鉴》《明汇典》和《纲目三编》。他陆陆续续看了15年，总共看了6000多万字的史料，每天都要学习2小时。把这几个时间数字相乘，15年乘2小时再乘360天，等于10800小时。所以在海关工作的他，白天当公务员，晚上化身网络作家，在电脑前码字。

秦望经常说自己很笨，记得郑学志老师也经常说自己不聪明。可正是这些"笨人"，十年专注于一件事，郑学志团队专注自主教育，秦望团队专注班会研究，他们分别在自己的领域取得了骄人的业绩。

班会研究大有可为！需要更多的班主任朋友接替我们老一辈的班，相信你们一定会超越我们。

我相信秦望主持的8+1班主任工作室的研究能力，郑重向大家推荐这套书，同时希望更多的青年班主任立下教书育人的宏图大愿。

张万祥

（作者为德育特级教师，享受国务院特殊津贴专家）

打造班会教学参考书

秦 望

近几年全国的班会研究蓬勃发展，国家政策指明方向，媒体搭建信息平台，赛课活动红红火火，学校课表开设课程，团队合作态势喜人，个体探索百花齐放。

同时仍存在很多问题，诸如学校或班主任理念错位，把班会课变成了补充课、自习课、测验课、通知课、训话课、总结会、布置会；个体研究缺失，导致班会课老生常谈、主题随意、内容陈旧、形式单一、参与度低、收效甚微；受班主任专业素养的限制，如知识视野、思想方法、审美情趣、文化品位、表达沟通、组织协调等，班会课魅力未能尽显；等等。

班会分类莫衷一是，不方便老师学习。我认为，班会有广义和狭义之分。狭义班会指的是主题教育课，是在班主任的主导下，全体学生共同参与的，为解决班级中的教育问题，围绕某一主题而实施的班级教育活动。而广义班会是指班级中由老师或学生组织的各类主题会、交流会、报告会、联欢会、朗诵会、演讲赛、辩论会、技能赛、团队会、节庆会、家长会等班级活动。这种定义方法更注重班会功能的发挥，而非学术概念的严谨，方便一线老师操作。

班会技巧五花八门，不利于老师掌握。主题班会设计与实施要有计划性、针对性、有效性、主体性、艺术性，亲、小、近、新、活、趣、实。形式要多种多样，如师生对话、小组讨论、观看视频、情景思辨、活动体验等。从导入到具体环节到最后总结，凤头猪肚豹尾，布局谋篇颇费思量，素材搜集花尽功夫。目前，案例类班会书为数不少，能够满足老师研习。但众所周知，班主任是学校最忙的群体，"哪来时间研读，设计谈何容易"！实际上是缺少一套班主任拿来就能借用的班会教学参考书。

我是一名班会爱好者，读了几十本班会书，看了数百篇班会论文，主持着8+1班主任工作室的活动，专注班会14年。团队搜集分类的班会素材数据量达2TB，创办了《班会月刊》杂志，合作建设"班会网"，参与了丁如许、迟希新、冯卫东等主持的全国几十场班会现场研讨活动和多种班会书的编写，培养了一大批青年才俊。笔者所在学校河南省济源第一中学非常重视班会课，每年举办班会研讨会，每周举行班会公开课，即便如此，开班会时仍有人有畏难情绪。在这个过程中，我们逐渐认识到，单独一节班会课无论如何精彩，仍处于零敲碎打状态，对学生成长和班级发展所起的作用有限。教育主管部门的班会课程标准尚未出台，班会课只能在老师的摸索中跟着感觉走。

一个操作性强的班会课程体系，一套实用的班会教学参考书的出炉是众人所需。于是，我们在14年实践研究基础上，群策群力，召开多次研讨会，全国上百位班主任参与设计了中小学班会教程系列班会案例。它有四大鲜明特点：

1．序列化。按时间顺序，依工作安排和学生成长规律，从入学第一课到毕业后的最后一课，贯穿整个学段。

2．系列化。每个学期分若干个主题，每个主题下依主题内涵设计若干节相关内容的班会，涉及学生成长与班级建设的方方面面。

3．梯度化。比如教师节话题，高一侧重于理解、体谅、感恩初中老师；高二侧重于感谢、鼓励现在的老师；高三侧重于在老师的理想、境界、胸怀的感染下，和老师一起奋斗。标题分别是《谢谢你，老师》《我给老师颁个奖》《长大后我就成了你》。比如感恩话题，小学六年共设计了六节对亲人感恩的班会，从对父母的感恩扩展到对老师、同学、朋友、学校、祖国的感恩，从被动的感恩到主动的感恩的境界，从单纯的感恩上升到思考母爱的本质。

4．实用化。每周一课的班会设计，务求简洁，易借鉴，并提供班会课件和链接素材。这些班会都是在上课的基础上打磨而成，着力于班级和学生现实问题及长远发展。

这套丛书共计10本，小学、初中、高中各三本，外加一本实操手册，力图向大家揭示班会的功能：

　　班会是师生共同的精神生活，班会是师生真情的投入过程，班会是和谐关系的桥梁纽带，班会是解决问题的重要载体，班会是文化建设的多彩空间，班会是凝聚集体的最佳途径，班会是价值引领的舆论阵地，班会是学生成长的关键事件，班会是自我教育的有效方式，班会是教育素养的集中展现。

　　本次出版的是《小学系列班会课》三本，108课。设计体系如下：

学期	月份	主题	话题	标题
一年级上学期	9	适应	青青校园	你好！我的新家
			温馨班级	我爱我家
	10	成长	茁壮成长	小小手儿最能干
			文明说话	有话，我要好好说
	11	习惯	我型我秀	秀秀我的好习惯
			自我整理	哭泣的小橡皮
	12	集体	身边榜样	班有小明星
			从小做起	巧手变奏曲
	1	学习	岗位锻炼	小小红领巾来上岗
			勇争第一	学习，我有小妙招
一年级下学期	3	文明	微笑问好	校园里，请学会微笑
			迷人风采	巧手小展示
	4	足迹	榜样引领	先烈，那是一面旗帜
			崇尚英雄	清明诗歌记心中
	5	自护	岗位自主	红领巾飘起来
			自理自护	我掉了一颗牙
	6	行走	美好世界	小眼看世界
			多彩童年	我的多彩童年

续表

学期	月份	主题	话题	标题
二年级上学期	9	尊师	暑期回顾	暑假，"牛仔"很忙
			我爱老师	你好！老师
	10	岗位	小岗大得	我的岗位我做主
			能力展示	我来露一手
	11	阅读	书上有路	从一本书说起
			陪伴引领	童话伴我成长
	12	自护	快乐阅读	我阅读，我快乐
			自护有方	陌生人来了
	1	成长	自立自强	我相信我能行
			生存挑战	我学会了洗手
二年级下学期	3	文明	礼仪交往	校园礼仪对对碰
			学会赞美	我学会了洗手
	4	传承	家风传承	清明传家风，故事我来说
			足迹寻访	先烈的足迹我寻访
	5	欢乐	欢乐世界	我的欢乐童年
			生活难忘	再见！二年级！
	6	远足	山河秀美	小脚丫走四方
			家乡如画	家乡小导游
三年级上学期	9	规划	确立目标	新学期，星计划
			集体建设	我是班级小主人
	10	节约	岗位锻炼	班级岗位我能行
			节约光荣	唱响节约之歌
	11	尊重	沟通理解	懂得尊重
			尊重他人	猜猜他是谁
	12	学习	阅读脚步	书的魅力，与你共享
			良好习惯	向不交作业说再见
	1	安全	有序活动	课间，我们怎么玩
			安全保障	户外活动　安全常伴

续表

学期	月份	主题	话题	标题
三年级下学期	3	自信	自信成长	自信助我成长
			接受挫折	笑对挫折
	4	传承	传承精神	革命故事我来讲
			自省自悟	再见吧,我的坏习惯
	5	成长	仪式庄重	小鬼当家
			小鬼当家	今天我十岁啦!
	6	欢乐	六一飞歌	快乐六一,童心飞扬
			快乐脚丫	快乐的暑假
四年级上学期	9	尊师	表露心声	老师,我想对您说
			师恩难忘	师恩难忘
	10	岗位	我学我乐	我是学习的小主人
			岗位历练	小岗位 大收获
	11	阅读	书香童年	书香浸润童年 好书伴我成长
			好书世界	晒晒我的小书柜
	12	友谊	友谊小船	友谊的小船
			科学探索	品味科学 创意无限
四年级下学期	1	梦想	社区服务	我是社区志愿者
			梦想起飞	张开梦想的翅膀
	3	安全	食品安全	食品安全我知道
			班级争光	我为班级添光彩
	4	传承	清风徐来	走近清明
			精神传承	我心中的英雄
	5	家国	家国天下	国家大事知多少
			绿水青山	青山绿水家乡美
	6	班风	规章制度	无规矩不成方圆
			我爱我班	再见,四年级!

续表

学期	月份	主题	话题	标题
五年级上学期	9	岗位	责任在肩	小岗位，大责任
			目标路径	整理，从做小事开始
	10	法制	法在心中	法在我心中
			远离网络	网络！网络！
	11	低碳	低碳生活	低碳生活，从我做起
			绿水青山	呼唤明天的绿色
	12	青春	男生女生	男生女生对对碰
			精彩课外	辅导班，想说爱你不容易
	1	交流	学会倾听	学会倾听，养成习惯
			经验分享	学习经验交流会
五年级下学期	3	沟通	讲究礼仪	说话要讲究文明礼貌
			沟通技巧	有话好好说
	4	传承	崇尚英雄	革命故事我来讲
			致敬国旗	向国旗敬礼，为队旗添彩
	5	诚信	播种诚信	从范冰冰说起
			诚信为本	诚信之花处处开
	6	环保	山美水美	巴东是我家，我们都爱她
			环保先行	争当环保小卫士
六年级上学期	9	母校	梦想起航	感恩母校，梦想起航
			追梦前行	感恩·逐梦
	10	恩师	名师指路	感恩师长，难忘母校
			内省顿悟	感恩成长，拥抱未来
	11	岗位	岗小责大	小小岗位，人人有责
			致敬经典	向经典致敬
	12	阅读	书香四溢	你我共享，书的魅力
			精神史诗	书籍——我的穿越宝器
	1	心态	成长烦恼	成长的烦恼有方法
			阳光心态	阳光心态看"影视"

续表

学期	月份	主题	话题	标题
六年级下学期	3	人生	笑对挫折	笑对挫折
			男生女生	男生VS女生
	4	代言	科学无限	走近科学
			精彩代言	我做祖国的代言人
	5	足迹	成长点滴	我的成长足迹
			青春飞扬	走向毕业的成长之旅
	6	远方	回首回眸	难忘我的小学生活
			美好愿景	展望我的初中生活

54个主题，每个主题书中均有解读。主题内涵是什么？围绕主题是怎么设计系列班会话题的？每节班会均有清晰的环节、流畅的串词、核心的内容。小学六年全程班会，虽然每一节不一定都精彩，但只要扎扎实实开下来，108节课的积累，必将撑起班级的高度，学校的厚度，学生的宽度，老师的深度。当然，每位班主任个性不同，有的探索了自己的班会班程系列，即便如此，我相信这套书也能带给大家一些有益的启发。

班会研究和班主任的发展是无止境的，这套书是我们研究与实践的结晶，如果有错漏之处敬请指正。对班会研究尽一份责任，让班会散发出应有的魅力，使班会成为学生期待的一节课，为中国教育发展尽一份心力，我们一起努力，是一件非常开心的事情。

加入8+1工作室（QQ群研修平台:31200058；微信公众号:8jia1）或登录"班会网"获取更多资源。反馈意见，请发邮箱：726801809@qq.com。

秦望

目 录

三年级

9月：规划
    1. 新学期，星计划　　余婷婷　　　　　　　　　3
    2. 我是班级小主人　　陆伟平　　　　　　　　　7

10月：节约
    3. 班级岗位我能行　　黄怡倩　　　　　　　　　11
    4. 唱响节约之歌　　戴雯艳　　　　　　　　　　15

11月：尊重
    5. 懂得尊重　　黄怡倩　　　　　　　　　　　　19
    6. 猜猜他是谁　　钟玲　　　　　　　　　　　　24

12月：学习
    7. 书的魅力，与你共享　　鞠其艳　　　　　　　28
    8. 向不交作业说再见　　陈君玲　　　　　　　　33

1月：安全
    9. 课间，我们怎么玩　　卜恩年　　　　　　　　37
    10. 户外活动　安全常伴　　刘璐　　　　　　　 41

3月：自信
    11. 自信助我成长　　8+1班会小学组　　　　　　47
    12. 笑对挫折　　钱猛　　　　　　　　　　　　53

4月：传承

  13. 革命故事我来讲 吴虹 57

  14. 再见吧，我的坏习惯 文秀娣 60

5月：成长

  15. 小鬼当家 张超 66

  16. 今天我十岁啦！ 卜恩年 73

6月：欢乐

  17. 快乐六一，童心飞扬 甘名文 76

  18. 快乐的暑假 黄怡倩 80

四年级

9月：尊师

  1. 老师，我想对您说 吴静 85

  2. 师恩难忘 吴静 89

10月：岗位

  3. 我是学习的小主人 吴红梅 92

  4. 小岗位 大收获 田英 98

11月：阅读

  5. 书香浸润童年 好书伴我成长 黄宁 104

  6. 晒晒我的小书柜 刘璐 109

12月：友谊

  7. 友谊的小船 朱建婷 113

  8. 品味科学 创意无限 魏敏 121

1月：梦想

  9. 我是社区志愿者 朱建婷 130

  10. 张开梦想的翅膀 牛立强 136

3月：安全
  11. 食品安全我知道 刘璐 142
  12. 我为班级添光彩 吴红梅 145

4月：传承
  13. 走近清明 吴静 153
  14. 我心中的英雄 朱建婷 158

5月：家国
  15. 国家大事知多少 牛立强 164
  16. 青山绿水家乡美 牛立强 167

6月：班风
  17. 无规矩不成方圆 杜鹏飞 174
  18. 再见，四年级！ 李晓慧 178

我有一个梦想（代后记） 秦望 182

三年级

规划
节约
尊重
学习
安全
自信
传承
成长
欢乐

三年级

三年级，这是一个成长的节点。体现在仪式上：今天我十岁啦！体现在岗位上：班级岗位我能行！体现在课后：课间，我们怎么玩？体现在交往上：猜猜他是谁。

同学们第一次有了规划，第一次感受挫折……每一次经历，都是人生最好的履历；每一次蜕变，都是最有意义的成长。三年级，有太多的故事值得分享；三年级，有太多的惊喜等待发现。

9月：规划

1. 新学期，星计划

◎ 江苏省扬州市邗江区维扬实验小学　余婷婷

[班会背景]

开学好几天了，孩子们还没有从暑假的放松中恢复过来。有一天，在语文课堂上，班上好几个孩子都有小动作。下课后，我把他们喊到身边，询问他们上课不专心听讲的原因。他们都觉得刚开学，离考试还早，可以多玩玩。我便想到，三年级的孩子说大不大，说小不小，孩子们处在不同的年龄段，我们的角色也应转变。低年级时，我们要有妈妈般的耐心和细心，事事操心。中年级，你要是什么事都管着，孩子们反而不高兴，他们的能力也得不到发展。所以，我决定利用班会课，让孩子们知道新学期制订计划的重要性。

[班会目的]

1. 让孩子们知道新学期制订计划的重要性。
2. 教会孩子怎样制订一个适合自己的学期计划。

[班会流程]

班会导入

师：同学们，暑假你们一定过得非常愉快吧。你暑假去了哪些好玩的地方，又有哪些好玩的事情呢？

生：……（自由回答）

第一环节,知道制订学期计划的重要性

师:真棒,看来同学们都有一个丰富多彩的暑假生活,有的出去旅游,有的利用业余时间学习一技之长,还有的利用暑期看了好多好多的书,真的好棒。老师也和同学们一样,暑期在放松自己的同时也在给自己充电。前两天我看到一则非常有趣的故事,大家想不想听?(出示故事)

夏天真热。一群蚂蚁在搬粮食。它们有的背,有的拉,个个满头大汗。

几只蝈蝈看到了,都笑蚂蚁是傻瓜。它们躲到大树下乘凉,有的唱歌,有的睡觉,个个自由自在。

冬天到了,西北风呼呼地刮起来。蚂蚁躺在装满粮食的洞里过冬了。蝈蝈又冷又饿,再也神气不起来了。

师:好了,故事结束了,还记得这个故事我们在几年级学过吗?

生:一年级。

师:记性真好!那谁能告诉我,为什么蚂蚁有粮食,蝈蝈却又冷又饿呢?

生:因为蚂蚁知道提前准备粮食,而蝈蝈却什么都没做。

师:人无远虑,必有近忧,只有提前准备,提前计划,才能有好的结果。在我们的身边也有着这样的"小蝈蝈"。接下来,我们再来看一段发生在我们身边的故事,一起来看一下。

(播放视频:放学后莉莉书包一扔就出去玩耍,小雪对照自己的每日计划清单有条不紊地安排着自己的学习生活。天黑了,莉莉急匆匆地跑回家,爸爸喊她吃饭,作业还没写;小朋友喊她做游戏,饭还没有吃;妈妈喊她休息,书包还没整理好……)

师:看了上面的两个故事,我们知道无论是在生活中,还是学习中,都必须有计划。每一个同学问一下自己,你更像我们的小蚂蚁呢,还是像我们的小蝈蝈?你想成为莉莉呢,还是想成为小雪?

生:……(自由回答)

第二环节，知道该怎样制订适合自己的学期计划

师：现在我们知道了，在做任何事情之前，制订好计划，是不是会起到事半功倍的效果呢？

生：是的。

师：新学期开始时，我们请每个同学都制订了一份学期计划，下面就让我们一起来分享一下自己的新学期计划吧！

师：下面，请已经制订好学期计划的同学说一说自己的计划是什么。

（生汇报自己的计划）

师：看来同学们都对自己有一个很好的规划。同学们，你们还记得莉莉吗？她因为上次的教训，这学期也制订了一个计划，我们一起来看一看，她的计划执行得怎么样呢？

（视频出示莉莉的计划，视频内容：莉莉也给自己制订了一个计划，但是计划却出现了问题，回家后做作业、整理文具、预习第二天的学习内容，等这些忙完去吃晚饭的时候，肚子已经饿得咕咕叫了，急急忙忙地吃完晚饭，约小朋友一起出去锻炼身体，但是又因为太晚了，小朋友们已经回家了）

师：同学们，莉莉的计划到底怎么了？你们能帮帮她吗？

（学生小组讨论莉莉计划的可行性，每个小组提出莉莉计划的优点和不足）

师：对，适合的才是最好的，计划也需要个性化。（出示《道德经》节选）

合抱之木，生于毫末；
九层之台，起于累土；
千里之行，始于足下。

师：谁来说说这段话是什么意思？

生：做什么事情都要一步一个脚印，脚踏实地。我们制订计划也是如此，需要细化自己的计划，目标不能定得太高。

师：现在老师把莉莉计划中的不足写在黑板上，那请同学们分小组来帮助莉莉制订一个适合她的计划吧。

(分小组帮助莉莉优化计划)

师：刚刚我们帮莉莉优化了计划，让她能更好地完成自己的计划。那么每个同学再来看看，我们课前让大家制订的自己的新学期计划是否合适，在课后我们再一起讨论一下，你的计划还需要改进吗？

[班会延伸]

师：同学们，利用接下来的几天时间，和小伙伴一起，优化我们的新学期计划，让爸爸妈妈给我们提出合理的参考意见。下次我们一起来比一比，谁的计划最"合身"。

9月：规划

2. 我是班级小主人

◎ 江苏省扬州市梅岭小学　陆伟平

[班会背景]

面对当前新形势，如何对小学生进行集体主义教育？这个问题值得老师们思考。利用班级活动，我们从"晓之以理、动之以情、现之以行"三个方面探索对小学生进行集体主义教育的方法和途径，论证我们可以通过长期不懈的努力，从班级的点滴小事做起，在每位学生的心中播下"集体主义"的种子，从小培养学生的集体主义精神。

[班会目的]

1. 通过本次主题班会活动，使队员懂得自己是集体中的一员，是班级的主人。

2. 培养队员热爱自己的中队、小队。

3. 理解个人和班集体的关系，认识到只有每个人都有主人翁的意识才能建立一个优良的班集体。

[班会流程]

班会导入

一、游戏："群笔小画家"

比赛时间：3分钟。

比赛规则：(1) 各小队打开题目信封，准备1分钟。(2) 全小队同学参加，按顺序接力画画。(3) 每人每次只能画3笔。(4) 时间停止后，按绘画进度、生动程度进行评比,裁判打分,满分10分。决出前三名。

小结:生活不是游戏,但生活需要人们相互配合。

二、讲故事:《梭子 鱼虾 天鹅》

小结:集体要有凝聚力。

三、童话剧表演:《小水滴》

甲:我是一滴小水滴,我和伙伴们一起托起木船去远航。

乙:我是一滴小水滴,我们一同流到田地里浇灌干枯的禾苗。

甲:我是一滴小水滴,我和伙伴们一起浇灌姹紫嫣红的花朵,装扮美丽的城市。

乙:我是一滴小水滴,各种鱼儿是我的好朋友,我们天天在一起玩,互相关心、帮助,谁也离不开谁。

丙:有一天,我独自从小河里跑出来,心想:没有你们管,多么自由自在。开始我还挺高兴,可过了一会儿我就受不了了,太阳晒得我晕头转向,差点儿干枯。我拼命地喊:"小伙伴们,快来救我!我要回家!"小伙伴们架起黑云下了一场小雨,把我带回小河,我得救了。

乙:千万不要逞能了!一滴水是多么渺小、孤独。

甲:成千上万的水滴汇集在一起,就汇成了一条流淌的河,集体的力量真伟大。

丙:我再也不离开大家了!

讨论:围绕"小水滴为什么会受不了",同学们各抒己见。

四、朗诵:《我是班级小主人》

第一小队:我是班级小主人,课本文具都放好。

第二小队:我是班级小主人,讲究卫生勤扫地。

第三小队:我是班级小主人,看见纸屑就捡起。

第四小队:我是班级小主人,主动整理课桌椅。

全班同学:我是班级小主人,文明礼仪我先行。

甲:我是集体的宣传员,让好人好事、奉献精神,在班内传播。

乙:我是集体的卫生员,发现垃圾主动把它捡,整洁的环境要靠每个人去干。

丙:我是集体的学习委员,帮助学习困难的同学,不让一个同学掉队,是我们班委的一致心愿。

丁：我是集体的体育委员，积极开展丰富多彩的体育活动，增强体质，将来才能更好地承担建设祖国的大任。

戊：我是集体的节电员，随手关灯，节约用电，培养同学们节约的好习惯。

己：我是集体的图书管理员，让书籍成为大家的好朋友。它是我们扬帆远航、周游世界之船。

庚：我是集体的保管员，桌椅出现小毛病，墩布坏了，用铁丝、钉子去把它修好复原。

辛：我是集体的纪律值勤员，乱打闹、快追跑不安全。宁静有序的环境，要靠我们每一个人去营造。

全班同学：我们都是集体中的一员，集体的事人人都要管，争当文明集体，是我们每一个人的心愿。

主持人：我们所有同学手拉手，心连心，你关心我，我帮助你，让良好的班风伴随着我们成长的脚步。

五、齐唱：《相亲相爱一家人》

六、辅导员寄语

做人：守常规，守纪律。

做事：讲团结，会合作。

学习：认真听，细心做。

七、班会总结

"集体"是一个多么诱人的亲切字眼，它是由多个个体组成的大家庭。我们的班级如今变成了一个温馨的家，这里面包含着每一个同学的努力。班级里每一个同学都是集体的小主人。假如班级是栋摩天大楼，我们就是坚实的砖块，把自己的硬度献给她；假如班级是条小溪，我们就是一朵朵浪花，把自己的美丽献给她。我们都是集体中的一员，热爱集体首先要做到同学之间团结友爱，热爱集体就要为集体增光添彩，热爱集体就要为集体多做贡献，只有班风好，班级的凝聚力、战斗力才强。通过今天的主题班会，全体同学形成了热爱班集体的良好氛围，班级工作更上一个新台阶。在集体中，我们牢记一句话："我是班级小主人，班级是我家，我们人人都爱她！"

[班会延伸]

1. 我是班级小主人：为集体做一件事，给同学带来快乐。
2. 我是家庭小主人：为家里做一件力所能及的事情，给爸爸妈妈带来快乐。

10月：节约

3. 班级岗位我能行

◎ 江苏省扬州市邗江区维扬实验小学　黄怡倩

[班会背景]

开学时，老师设立班级小岗位（人人有岗），但执行下来效果并不好。有些同学对于自己的岗位是想到才做，还有一部分同学甚至已经忘记了自己的岗位责任。这群天真无忧的孩子并未将"责任"一词实实在在地融入自己的日常行为中。责任意识、责任感的培养要从小开始，特别是在小学阶段，同学们正处于世界观、人生观的初始时期，自我判断和推理能力还很不成熟，积极培养他们的责任感尤为重要。

[班会目的]

1. 帮助学生总结岗位经验，寻找岗位不足，逐步培养学生的小岗位服务习惯，提升岗位服务质量。

2. 让学生知道认真做好小岗位就是有责任感的表现，培养学生的自我责任意识。

[班会流程]

一、情境导入——我们的教室多美呀!

师：同学们，你们看一看我们教室的环境怎么样，你感觉到了什么?

生：这是一个干净整洁的教室。在这样的环境里上课，心情舒畅，感到很愉快。

师：今天哪几个同学值日? 你们是怎样值日的? 今天值日生对工作负责吗?

生：值日生爱劳动，对工作认真负责，关心班级，不怕脏和累，为班级尽职尽责……

师：这些同学在自己的岗位上尽职尽责，值得我们学习。今天班会的主题就是——班级岗位我能行。

二、班级岗位——我的岗位我做主

（一）种下一棵岗位树

师：老师这里准备了一棵岗位树，请同学们选择你能胜任的岗位，并把这棵岗位树种好。

学生种"树"。（学生在班级文化栏里的"大树"旁贴上自己的"小树"）

（二）为什么要做好自己的职责

师：同学们，我们先来听个故事。故事的名字叫《乌鸦兄弟》。

乌鸦兄弟俩同住在一个窠里。有一天，窠破了一个洞。大乌鸦想："老二会去修的。"小乌鸦想："老大会去修的。"结果谁也没有去修。后来洞越来越大了，大乌鸦想："这一下老二一定会去修的，窠这样破了，难道它还能住吗？"小乌鸦想："这一下老大一定会去修的，窠这样破了，难道它还能住吗？"结果又是谁也没有去修。一直到了严寒的冬天，西北风呼呼地刮着，大雪纷纷地飘落。乌鸦兄弟俩都蜷缩在破窠里，哆嗦地叫着："冷啊！冷啊！"大乌鸦想："这样冷的天气，老二一定耐不住，它会去修的。"小乌鸦想："这样冷的天气，老大还耐得住吗？它一定会去修的。"可是谁也没有动手，它们只是把身子蜷缩得更紧些。风越刮越凶，雪越下越大。结果，窠被吹到地上，两只乌鸦都被冻僵了。

师：听完这个故事，你知道乌鸦兄弟为什么会被冻死吗？

生：自私、懒惰、依赖别人、推卸自己的责任只能害了自己。

师：班级是我们共同的家，如果我们每个人都像乌鸦兄弟一样，我们的班级会变成什么样？

生：很脏，很乱，不想进这个教室……

三、我能行——我的岗位呱呱叫

（一）做得不好

师：先来欣赏小品《值日生》。（小品内容：不好好值日，家长帮孩子值日的场景）

师：看完小品，你觉得他们哪里做得不对？

（鼓励学生说出自己认为不对的地方）

师：那应该怎么做呢？我们再来演一次。

（二）辨明是非

师：同学们来看看这几个例子。

1.下雨了，小明两脚都是泥，就进了教室。

2.玲玲扫地时，满教室都飞着灰尘。

3.小刚拖完地说："强强咱俩去倒脏水。"强强说："我是摆桌椅的，我不去。"小兰跑过来说："我去。"

4.今天冬冬当值日生，但下午一放学他就回家了。

5.手工课上完了，小莉把不用的纸都弄到了地上。

师：同学们说一说他们做得对吗？正确的做法是什么？

（三）夸一夸

师：在我们班级里也有做得好的同学，让我们一起来夸一夸他们吧！

（四）争当班级岗位小能手

师：我们班有那么多做得好的同学，我们要向他们学习。每个月我们都会评选出"班级岗位小能手"。

四、班会总结

同学们，此次班会活动开展得非常成功。通过班会，我们知道了自己在班级里的岗位，知道了怎么在自己的岗位上尽职尽责。相信通过你们的努力，大家都能成为班级岗位小能手。

[班会延伸]

请每位同学用实际行动来争取获得"班级岗位小能手"奖章,证明自己"我能行"。

10月：节约

4．唱响节约之歌

◎ 江苏省无锡市旺庄实验小学　戴雯艳

[班会背景]

勤俭节约是中华民族的传统美德，"谁知盘中餐，粒粒皆辛苦"是我们耳熟能详的诗句，我们吃喝穿戴的样样物品都凝聚着劳动者的汗水。我们应该尊重劳动者的劳动成果，但是在生活中，学生们的浪费行为比比皆是。希望通过此次活动，同学们自觉形成节约意识并在今后生活中付诸行动。

[班会目的]

1．通过活动，使学生认识到浪费可耻、节约光荣，培养勤俭节约的美德。

2．懂得勤俭节约要从平时的一点一滴做起，从我做起，从身边的小事做起。

3．教会学生勤俭节约的方法，并落实在行动上。

[班会流程]

师：亲爱的少先队员们，还记得《锄禾》这一首古诗吗？来让我们一起背一背。

生：齐背"锄禾日当午，汗滴禾下土。谁知盘中餐，粒粒皆辛苦"。

师：这首诗教育我们，一粒粮食来之不易，要节约每一粒粮食。其实，我们在生活中要节约的何止是一粒米，还有很多很多。我宣布，无锡市旺庄实验小学三年级（1）中队"唱响节约之歌"主题队会现在开始！（屏幕出示）

一、听一听：勤俭节约的故事

甲（主持人）：节约，是中华民族的传统美德，是祖辈留给我们的宝贵财富。

乙（主持人）：节约，是个多么平凡而又伟大的字眼。从古到今，有许多人用自己勤俭节约的美德，谱写了一个个感人的故事，树立了一个个光辉的榜样。你们知道哪些勤俭节约的故事？请听故事《周总理的睡衣》。（屏幕展示）有请某同学给我们带来丰田汽车创始人丰田喜一郎的小故事。

（两名学生动情地讲述）

甲：从古到今，许多名人身上都有着勤俭节约的美德。

二、看一看：浪费的现象

乙：在生活水平日益提高的今天，却出现了一系列铺张浪费的现象。来，听听咱们班《江南晚报》小记者的"浪费现象大调查"，相信一定会引起我们的深思。（屏幕出示）

小队一：大家好，我们是《江南晚报》的小记者。我们四人调查了各自家庭中的浪费现象。

学生1：我家有个小药箱，妈妈习惯一次性买进很多常用药备用，治感冒的、消炎的、治拉肚子的……因为药品都是有有效期的，所以每隔一段时间，妈妈会将过期的药品丢掉，这样就造成了浪费。

学生2：因为不喜欢吃隔顿的菜，所以吃完饭后，总是把剩菜倒进垃圾桶。

学生3：现在可以网购，妈妈坐在家里就能买东西，她觉得网上的东西便宜，结果买了很多，一部分根本不实用。这样的购物不仅不省钱，反而会造成不小的浪费。

学生4：我们家平时看完电视、用完电脑后不关屏幕，不拔总插头，现在我知道这其实也是一种浪费。即使在关机状态下，只要电源插头没有拔掉，它仍在耗电。

小队二：我们是《江南晚报》的小记者，我们调查了校园里的浪费现象，总结出以下几点，请看大屏幕：

1. 很多同学中午只吃一点点饭，其余的全部倒掉了。
2. 有时教室里都没有人了，电灯依然亮着。
3. 作业本和画画用的纸还没画两下就扔了，纸张到处乱扔。

甲：不调查不知道，从调查中看，我们身边的浪费现象还真是数不胜数呢！专家预测，2020年后全球能源紧缺形势加剧，节能成为当务之急。

乙：我国是个人口众多、资源不足的国家，很多地区还有很多人处于贫困状态。你们看！（屏幕出示图片）

甲：（图片1）多可怜的孩子！这双鞋子，他已经连续穿了好长时间了。

乙：（图片2）这个小妹妹才8岁，家里的全部家当不足100元，外面冰天雪地她还要上山打柴，每学期都在为学费犯愁。

乙：（图片3）因为用不起电、买不起油，寒冷的天气里，他们只能缩着身子读书。

甲：让我们来看一段视频。（播放）

（学生谈感受）

乙：如果我们把每人每天浪费的一点点节省下来，积攒起来用在贫困地区，就可以建很多希望学校，让更多的失学儿童重返学校，让更多的儿童吃饱穿暖。

甲：同学们，其实经历困苦的何止是这些贫困地区的孩子，还有我们的地球妈妈！

乙：同学们，我们人类赖以生存和需要的各种资源越来越少了！

甲：节约资源，适度消费，应该是我们每一个公民的共同义务。

乙：让我们牢记"节约光荣，浪费可耻"。

三、说一说：节约的高招

甲：是呀，节约对我们人类来说太重要了。那么，我们应该怎样做呢？让我们把自己的想法讲出来吧。请听三句半《节俭歌》。

（同学表演）

甲：是呀，我们大家都从小事做起，从你我做起，从现在做起，一起来节约吧。

乙：让我们各小队出出金点子，说说节约的高招吧。

甲、乙：有请一滴水小队。

一滴水小队：让我们从现在开始，节约每一滴水吧。请听儿歌《节水谣》。

甲：我们学到了一水多用的好办法，下面我们赶紧来听听一度电小队的汇报。

一度电小队：我们小队想到一些为学校节电的金点子。在学校里，我们到操场上做操、上体育课、去专用教室上课时，就要把教室里的灯、电风扇关了；放学后更应该关掉灯和饮水机；教室里很明亮时就可以不开灯。节约一度电，为国为民做贡献！

乙：谢谢一度电小队的提醒，相信我们一定都能做到。下面请欣赏一粒米小队带来的礼仪操——《爱惜粮食》。

（一粒米小队表演）

乙：一张纸小队已经等不及了，我们来听听他们的节约高招吧。

一张纸小队：我们要节约纸张，储蓄绿色！我们要用电子贺卡取代纸质贺卡；我们要用废旧物品制作礼物，你们看（拿出制作的小礼物）用手帕取代餐巾纸；拒绝使用一次性筷子；把旧作业本重新装订做成环保作业本；写作业要细心，减少出错，以免浪费本子；制造铅笔需要砍伐树木，我们也要节约铅笔，铅笔变短时使用笔套。

乙：人人要节约，节约要想金点子。其实，在我们生活中还有许多要节约的地方，让我们在生活中多想想节约的高招吧。

甲：节约资源不是靠一两个人来完成，而是要靠大家一起来完成！

乙：是的，节约，人人有责！

甲：作为当代小学生，我们在享受丰富的物质生活时，更应养成勤俭节约的好习惯。

乙：更应承担起节约资源、杜绝浪费的责任。

甲：为此，我们要向全校同学发出倡议。

甲、乙：让我们积极行动起来，从我做起，从身边做起，从小事做起，让我们一起来唱响节约之歌吧！

甲：唱响节约之歌，从我做起！（全体学生唱《节约拍手歌》）

四、班会小结

同学们，今天的班会取得了圆满成功。祝贺你们！通过这次主题队会，我们知道了节约的重要性。让我们携起手来，积少成多，积沙成塔，从现在开始，从我做起，做勤俭节约风尚的传播者、实践者，永远唱响节约之歌！

11月：尊重

5. 懂得尊重

◎ 江苏省扬州市邗江区维扬实验小学　黄怡倩

[班会背景]

上课时，总有几个学生喜欢插嘴，严重影响别的同学思考，也不利于老师去了解每个学生的学习状况。课后，总会出现学生因一点小事斤斤计较的事情，甚至有吵架、打闹事件的发生。虽然已经是三年级的学生，虽然从一年级开始就教育他们上课不插嘴、下课不打闹，但是还是有一些学生没有做到。我想，他们可能觉得这是一些小事，平时也没怎么注意。我想明明白白地告诉他们，尊重他人并不是小事，尊重他人可以收获快乐。

[班会目的]

1. 让学生认识到在学会倾听的基础上，懂得尊重他人的重要性。
2. 让学生知道如何尊重他人。

[班会流程]

一、引出尊重

游戏导入：照镜子

师：同学们，下面我们玩一个照镜子的游戏。我们对着镜子做一些表情，比如笑、哭、大叫，看看镜子里会发生什么？（学生在老师的引导下，做游戏）

师：镜子里都发生了什么？

生：我们笑，镜子里面的人就笑；我们哭，镜子里的人就哭；我们大叫，镜子里的人就大叫。

师：同学们，其实我们的生活就像一面镜子，我们怎样对待别人，别人也会怎样对待我们，所以人与人的相处就应该互相尊重。

二、体会尊重

师：接下来，老师给大家讲一个故事，故事的名字叫《大熊的拥抱节》。

清晨，大熊早早就出了门。今天是森林城一年一度的拥抱节，和谁拥抱就表示愿意和谁做朋友。

师：我也要和我们班每一位同学做朋友。（鼓励学生相互拥抱）

师：拥抱之后有什么感觉？

生：很温暖。

师：怪不得小动物们要举行拥抱节呢！

大熊给自己定了一个目标，要和100个朋友拥抱！

远远地，大熊看见袋鼠哥哥，他连忙张开双臂："袋鼠哥哥，你好！"可袋鼠哥哥支吾着说："嗯，我很忙。"说着，就跑了。大熊尴尬地放下手臂，安慰自己说："没关系，还有好多拥抱的机会呢。"

呀，前面一蹦一跳过来的不是漂亮的兔妹妹吗？大熊赶紧张开双臂："亲爱的兔妹妹，你好！"兔妹妹停也不停，自顾自哼着歌儿过去了。大熊愣了一下，生气地甩了甩手，说："哼，真没礼貌！"

大熊再往前走，看见了红狐狸。大熊张开双臂，红狐狸却赶紧绕了过去，连个招呼也没打。

大熊慢慢地把手臂放下来，他不明白为什么大家都不跟他拥抱。

师：同学们猜猜看，为什么小动物们都不愿意和大熊拥抱？（学生猜想，老师适当评价）咱们接着去看个究竟。

天快黑了，大熊没有拥抱到一个朋友。"昨天，我把兔妹妹的萝卜全拔光了。我还老是揪袋鼠哥哥和红狐狸的尾巴。"大熊的眼泪一滴一滴落下来。

师：现在你们知道大熊为什么得不到拥抱了吧。

生：大熊平时喜欢欺负其他的小动物。

师：对呀，大熊平时欺负小动物，小动物们肯定不愿意跟他拥抱。那么，在拥抱节这一天，小动物们会原谅大熊吗？(学生猜想)

  这时，小动物们手牵着手走过来，看见孤零零的大熊，他们都愣住了。大熊站起来，捂着脸跑回家了。"我今天没拥抱大熊。"兔妹妹说。"大熊看上去很伤心呢！"袋鼠说。小动物们你看看我，我看看你，然后，他们都往大熊家走去。

  天黑了，大熊晚饭也没吃，一个人躺在床上想心事。

  "笃笃笃！"是谁在敲门？大熊慢吞吞地走过去开门。门一开，大熊惊呆了！

  小动物们在门前排成了长长的队伍，一个个张开双臂，说："大熊，祝你拥抱节快乐！我愿意做你的朋友。"大家一个接一个地拥抱了大熊，大熊的眼泪越来越多，比刚才没人拥抱他时还要多。他在心里暗暗对自己说："从明天起一定要让大家看到一个不一样的大熊！"

  月亮的银光柔柔地洒在森林城，洒在互相拥抱的小动物们身上，这真是一个令人难忘的拥抱节呀！

师：大熊拥抱节的愿望实现了吗？

生：实现了。

师：那你从故事中学到了什么？

生：平时不能欺负别人，要尊重别人，不然别人也不会尊重你。

师：说得很好！同学们，你们想得到别人的尊重吗？想有很多朋友吗？那就先做到尊重他人吧！

三、懂得尊重

(一) 生活中不尊重他人的现象

师：听了大熊的故事，同学们有没有想到生活中有哪些不尊重他人的现象？

1．在家里

生：顶撞大人。父母让我们学习，我们只想着玩，不听父母的话。

2．在学校

生：同学之间互相打闹，不认真完成老师布置的作业，上课不认真听讲。

(二) 讨论如何尊重他人

全班分成两大组：一组是针对家里出现的不尊重他人的现象，一组是针对学校里的不尊重他人的现象。每大组分成四人小组展开讨论，可以限时，时间到后，小组代表交流讨论结果。

1．在家里

生：出门和回家都要打招呼；跟父母说话也要有礼貌，不要耍性子；看电视时不跟父母抢遥控器；不要嫌长辈唠叨，认真聆听长辈的嘱咐；做重要决定时应认真考虑父母的意见……

2．在学校

生：见到老师同学都要问好；要尊重老师的劳动，上课应认真听讲，课下认真完成各科作业；不要给别人起侮辱性的绰号；对同学要有包容心；遇到难事要学会换位思考……

师：对啊，我们只有尊重他人，才能得到他人的尊重。

(三) 身边的榜样

我们身边有哪些同学尊重别人做得特别好呢？让我们来夸夸他吧!

(四) 欣赏三句半《尊重他人》

老师同学注意了，四名队员站得好。要问我们演什么？往下瞧。

尊重他人很重要，打架骂人得取消。人人都会来夸你，别骄傲。

从小尊重要做到，文明礼貌是目标。长大再改行不行？可不好。

学习雷锋志气高，互相帮助人人笑。要从小事来做起，有实效。

说到不如做得到，提高觉悟最重要。彼此尊重树新风，那才妙。

我们说得好不好，提出意见会记牢。下次上台来表演，再提高。

四、班会小结

同学们，一个真心懂得尊重别人的人，一定能赢得别人的尊重。

[班会延伸]

1. 每天记录一件尊重别人的事，利用晨会课、班队课与同学们分享。
2. 一个月后评选"尊重他人小明星"。

11月：尊重

6. 猜猜他是谁

◎ 河南省南阳市新野县文府书院　钟玲

[班会背景]

三年级的学生已经开始关注身边的人、留意身边的人，但是他们并不能正确看待别人，看不到别人的长处，于是就给别人起外号，以别人的缺陷为乐，并不知道这就是校园欺凌的源头。制止虽然有效，但只能让学生表面承认错误，更多的类似问题则会转入地下。如何从根本上解决这个问题？不妨从游戏的角度来看一看如何解决这一难题。

[班会目的]

1. 知识目标：在游戏"猜猜他是谁"中，培养学生的观察能力和分析能力，指导学生通过抓住一个人的特点来正确描述人的形象，从而培养学生相互尊重的意识。

2. 情感目标：通过相互寻找对方的优点，发现别人的长处，认识到在班集体中每个人都是不可或缺的，培养同学们的班级凝聚力。

3. 行为目标：通过在班会中开展各项活动，加深同学间的了解和包容，增强民主平等意识，让每一个同学从中感受到被尊重、被理解，从而产生积极向上的动力，为班集体的建设注入新的活力。

[班会流程]

第一步：玩游戏"猜猜他是谁"

师：今天我们来做一个猜谜的游戏，好不好？

小游戏：猜猜他是谁。大屏幕展示同学们的自画像，请同学猜一猜他是谁。引导学生讨论、观察、思考，说出屏幕上出现的同学的名字。

师：同学们首先仔细观察，然后思考一下，最后在纸上写出名字。请大家举起手中的答案。你是怎样猜出这位同学呢？

生：根据他喜欢穿的衣服。

师：真棒！看服装就知道是谁，不简单。

生：根据他的头发，他喜欢乱蓬蓬的。（很好，抓住头发有点乱的特点，很形象哦！）

生：我根据他的身材来猜的。

……

师：在这个环节当中，同学们都表现得非常好。只要我们细心观察，要猜中一个熟悉的人还是比较容易的，关键是我们必须抓住其中的关键点。我们也来了解一下猜错的同学为什么猜错了？哪一点是你忽略的？如果有下一次，你会注意什么呢？

（设计意图：培养学生观察和分析能力）

师：图中的同学，当你被猜中后，感觉是什么？

生：我觉得这个特点和我并不是很像，只是有一点像。

师：每一次只能展示自己其中的一个点，未必是所有的人都熟悉的，所以有人猜错，有人猜对。这一点并不奇怪。

生：我觉得这些应该是大家熟悉的，如果不熟悉，未必能猜出来。

师：对，要让每一个人都知道，就需要尽情展示，班级是个大舞台，关键就看大家来不来。

第二步：这些同学，你也能猜中吗？

师：在生活当中，也有这样一些同学，他们是这样来描述同学们的。（课件出示：小瘦猴、四眼鸡、小竹竿、香香猪等）

大家笑了，为什么笑了呢？这又是指哪几个同学呢？这其实叫作"绰号"。

为什么你们猜中了？有没有抓住特点呢？但是这样猜中后，想一想，别人的感受是什么？在平时的学习生活中，你有没有这样去做？你觉得这样做好吗？如果你曾经这样说过别人，是否愿意跟别人道个歉呢？

（学生离开座位，真诚地跟别人道歉）

这个时候，大家又有什么话来交流一下呢？

生1：要学会尊重别人，不能拿别人的缺点来说事。

生2：不尊重别人，也就是不尊重自己。

生3：同学之间的矛盾，都是由这些小矛盾引起的。

…………

师：有错就改，知道错在哪里，就从哪里开始改正。

第三步：你的优点我来说——放大镜

师：在平时的生活当中，如果能够看到别人的优点，我们的生活就会越来越和谐。同学们，看看自己的同桌是谁，你了解他吗？你能向别人介绍他吗？举起手中的放大镜，我们大家一起来场头脑风暴吧！

学生分成小组，开始讨论收集别人的优点。

分析讨论：为什么能够看到别人的优点呢？寻找别人的优点困难吗？那么为什么我们平时没有注意到呢？

原因一：我们平时都在一起学习，我了解他。

原因二：他学习比我好，比我更认真。

原因三：我们一起开展活动，他对我的帮助很大。

原因四：说别人喜欢说缺点，说自己喜欢说优点。

…………

师：能够看到别人的优点，也是一种能力，同时也说明我们能够认识到自身的不足。希望大家能够做到这一点。

第四步：请给我取一个绰号

今天老师还给同学们带来一个小小的任务，给我们班每个同学取一个绰号。来，我们看看四大名著之一的《水浒传》中是怎样给别人起绰号的。

（课件展示：主题曲欣赏，人物图片和绰号欣赏）

师：抓住什么来起绰号？比如说吴用，智多星——吴用，突出了一个什么样的特点？（智——聪明，计策多）

从哪一个角度来说？（正面）

仿照上面的说法，给你的同桌送一个充满正能量的绰号。

征求一下同桌的意见，看看是否合适，是否满意。

公布一下，我们看看同学们展示出来的优秀金点子。（部分同学展示自己为别人起的绰号）

现场讨论：此时，你都想说些什么？前后两次对比一下，有什么不同的感受呢？

第五步：展示教师做好的自画像拼成的班级名称

师：班级需要每一个学生的努力、爱护，这样班级才会……

引导学生讨论：作为班级的一分子，我们如何做才能让班级更团结？

（设计意图：培养同学们的班级凝聚力）

第六步：教师总结

亲爱的同学们，一滴水，放进大海更显波澜壮阔；一个人，融进集体，更能展现他的才华和生命的价值。我们每一个人都融入班级，我们的班级才能……

[班会延伸]

开展"我给自己起绰号"活动，看谁的绰号更有意义、更有趣味。

12月：学习

7. 书的魅力，与你共享

◎ 江苏省扬州市邗江区维扬实验小学　鞠其艳

[班会背景]

有一天，当我走进教室，发现三个孩子挤在一起看一本书，边看边开心地笑着。我好奇地走过去，发现他们正在看的是一本封面上有许多卡通斗士形象的网络小说。我随手翻了翻，里面有不少粗俗甚至不堪入眼的词语。我不禁陷入了沉思，这类图书是什么时候开始在班级出现呢？难怪，这两天班上个别男生因说脏话被同学议论。看来，学生对于选书和读书，还比较迷茫。针对这种情况，我决定召开一次主题班会，让学生分享近期阅读感悟，掀起读书热，借机引导学生能够正确选择有意义、有价值的书去读，丰富他们的知识，提高他们的阅读能力，让他们健康、快乐地成长。

[班会目的]

1. 分享阅读感受和成果，进一步激发学生的阅读兴趣，体会阅读带来的无限乐趣。

2. 引导学生有选择地读书，读经典，读有价值、有意义的书。

3. 教师准备绿叶形状的书签若干。

4. 教师准备学生认真阅读的照片若干。

[班会流程]

师：同学们，每当走进教室，尤其是午读时间，看到你们聚精会神地阅读，

老师便情不自禁地露出了笑容。在老师眼里,你们读书的样子是最美的。(出示平时拍摄的学生认真阅读的照片)

一、阅读改变了我

师:戏剧大师莎士比亚说过,书籍是全世界的营养品,生活里没有书籍,就好像没有阳光;智慧里没有书籍,就好像鸟儿没有翅膀。同学们,书籍散发的光芒,书籍这双翅膀,给你的生活带来哪些变化呢?

生1:以前的我,整天喜欢玩。每天放学后,就到小区里奔跑,奶奶叫我回家吃晚饭,我不乐意,她冲我发火,我就在地上打滚。自从上了一年级,老师每天给我们大声读书,我就迷上了书。现在,一写完作业,我就想看书,妈妈有时都是逼我下楼锻炼。家里人都说我现在完全变了一个人。

生2:乘着书籍的翅膀,我走遍了大半个中国。宏伟壮观的万里长城,举世无双的秦兵马俑,风景如画的九寨沟,天造地设的金华双龙洞……祖国的山山水水让我流连忘返,古代劳动人民的智慧让我引以为傲。"书中自有黄金屋",我还懂得了不少道理,"融四岁,能让梨;香九龄,能温席",中华民族的优良传统需要我们去继承,发扬光大。

生3:读书,不仅开阔了我的视野,增长我的知识,而且提高了我的写作水平。以前,我的作文总是干巴巴的,妈妈说像一杯白开水,平淡无味。读书的时候,我就有意识地背诵一些好的段落,写作文时,灵活运用,最近我的作文还被《小记者》选用了。我真高兴!

……

师:刚才几位同学都说了自己的读书感受,很多同学都不由自主地点头赞同,他们一定也说到你们的心坎里去了吧!读书让我们的生活五彩斑斓,让我们明事理,学会做人,书籍真是我们的良师益友啊!

二、我与一本书

师:之前,同学们都为自己最喜欢的书做了一张读书卡片,谁愿意与大家分享?(学生分享的同时进行投影)

生1:我读的书是《长袜子皮皮》。这本书介绍了一个叫皮皮的小女孩,她的头发就像胡萝卜一样红,鼻子就像一个小土豆,上面长满雀斑,嘴巴大大的,牙齿整齐洁白。最奇特的是她的穿着，裙子一块蓝布一块红布，袜子一只乌黑一只棕色，鞋子比脚大一倍。皮皮力大无穷，她可以轻易举起一匹马，可以教训凶狠的强盗，还可以轻松地把鲨鱼抛到空中……这本书给我们讲了皮皮快乐有趣的生活。我非常喜欢皮皮，她真诚、善良。最让我佩服的是，她虽然一个人生活，但却把自己照顾得很好，还让自己的生活每天都精彩纷呈。我觉得她非常了不起，我真想和她做朋友。

生2：我最喜欢读的书是《鲁滨逊漂流记》。这本书讲了一个叫鲁滨逊的水手，在一次航海中遇到风浪，船被掀翻，他只身一人漂流到一座荒岛上。在这里，他努力生存，战胜各种困难，最终重回家乡。我觉得我们大家都应该学习鲁滨逊不怕困难，面对困难永不低头的乐观向上的精神，像鲁滨逊那样有志气、有毅力，动脑子想办法克服困难，用自己的双手去创造财富，取得最后的胜利！

生3：我给大家介绍的是《林汉达中国历史故事集》。这本书讲述了从春秋到三国的历史故事，共有五个部分：春秋故事、战国故事、西汉故事、东汉故事、三国故事。它虽是讲述历史，但故事情节却深深地吸引着我，阅读时一点也不觉得枯燥。通过阅读，我了解到了我国的一些历史典故，丰富了我的文化知识。书里的每一个成语故事都对应着一个耐人寻味的道理，我感觉这是一本不可多得的历史故事书。

…………

三、选择一本好书

师：刚才同学们介绍的书，大部分都是学校推荐的书。这些书，都是我们学校"儿童阅读研究中心"的老师们为同学们精心筛选的，它们经历了时间的洗礼，几十年来一直被大人和孩子们津津乐道。这样的书，值得读，也必须要读。可是前两天，老师发现班上一些学生在看一本目前市面上很流行的网络小说，老师很好奇，你被这本书的什么地方吸引呢？

生1：我觉得书的内容很刺激，很惊险，我很想知道结局。

生2：书里有的人说话很滑稽，我觉得很搞笑。

师：除了搞笑，还有什么特别的感受吗？

生1：里面的内容打打杀杀，很暴力，也很血腥。像什么黑暗势力的，我看了，晚上都不敢一个人睡觉，很害怕。

生2：还有同学用里面的话骂人。

师：一本好书能陶冶人的情操，净化我们的心灵，让我们感受到真、善、美，受到启迪。你们看的这本书丝毫没有起到这样的作用。你们觉得这样的书能看吗？

生：……

师：根据你们的阅读经验和老师推荐的读物的特点，你觉得哪些书是我们小学生可以看的呢？

生1：我觉得童话可以，比如《格林童话》《安徒生童话》等，这些书会把我们带入神奇的世界，那里有猫和老鼠，有海的女儿，有拇指姑娘……我从小就特别喜欢看这一类的书。

生2：我是男生，我喜欢看历险故事和侦探故事。比如《鲁滨逊漂流记》，我就百看不厌。我觉得这些书能培养我们的逻辑思维能力，会让我们更独立，更有探索精神。

生3：我觉得有助于学习的书也很适合我们，如《作文大全》《趣味数学》等。这些书不但有助于我们学习，还有助于开发我们的大脑，提高我们的学习兴趣。

生4：科技推动社会的发展。科技也是我们学校的特色。我觉得，科学类的书籍也可以看看，我们可以了解更多的科学知识，而且还可以亲自动手做一做，培养我们的动手能力。

生5：我曾经听人说过这样一句话，如果一个民族对自己民族的历史不了解、不认识，那么这个民族离灭亡的日子也就不远了。所以，我希望大家多看看历史方面的书籍，比如《史记》《林汉达中国历史故事集》《上下五千年》等。

…………

师：同学们根据自己的兴趣爱好，提出了合理的阅读建议。希望大家在正确选择的基础上，广泛阅读，在书海里遨游。

四、制作书签

老师发放绿叶形状书签，学生工整地书写自己的读书座右铭。同学间互相介绍自己的座右铭。

五、班会小结

师：老师一直记得这样一句话，"我一直相信读书对于一个人的身心完善，永远居于非常重要的地位。一个不会读书的人将来肯定不会是一个心灵美丽、情感丰富的人"。同学们，让我们与好书为伴，让书香永伴你我。最后，让我们在狄金森的诗中结束今天的班队会。师生齐诵：

没有一艘船能像一本书

[美] 狄金森

没有一艘船能像一本书
也没有一匹骏马能像
一页跳跃着的诗行那样——
把人带往远方。

这条路最穷的人也能走
不必为通行税伤神
这是何等节俭的车——
承载着人的灵魂。

[班会延伸]

1. 评选优秀"读书卡片"，张贴到班级文化墙上。
2. 继续关注班内学生阅读书目的选择，适时推荐优秀读物。
3. 开展"班级小书虫"评选活动，进一步掀起读书热潮。

12月：学习

8. 向不交作业说再见

◎ 广东省连南县顺德希望小学　陈君玲

[班会背景]

学生到了三年级，课业负担加重，于是就出现了作业难以完成的现象。有的同学不认真完成作业，不能按时交作业，为了不被老师批评就交空本子，学习成绩日渐下降。学生不交作业的原因有多种，并不是一两句话就能说清楚，也不是一两次教育就能起到作用。作为班主任，我清楚地知道学生不交作业的弊端，我决定在班上开展"向不交作业说再见"的主题班会。

[班会目的]

1．帮助学生认识不交作业不利于检验学习成效，发现并改正不良习惯，提高自控能力。

2．引导学生树立诚信的意识，从我做起，逐渐养成求真务实的学习态度。

3．培养学生自觉刻苦学习、团结互助、关心同学、热爱集体的优良品质。

[班会准备]

（每个学习小组选1～2题完成）

1．小组讨论、整理不交作业的原因。

2．小组讨论、整理按时交作业的小妙招。

3．讲述班里按时交作业的同学或小组的故事。

4．准备不交作业或按时交作业的小品、相声。（小组或个人演，角色有学生、

组长、学习委员、家长等)

5．班长组织推荐主持人，并准备主持发言提纲。

[班会流程]

一、谈话导入

主持人：同学们好！大家都知道，新学期刚开始，很多同学还沉醉在寒假期间的自在、贪玩的状态，开学第一周，很多同学不能按时交作业，我身为学习委员，看在眼里，急在心中。今天，我们一起聊一聊我们和作业的那些事。

二、活动一：演小品，说小品

1．"梦幻组"表演小品《都是不交作业惹的祸》。

2．大家从刚才的小品中看到了什么？你想对他们说些什么？

生1：我从小品中看到了小明因不交作业被爷爷追打、还不给他吃饭，被老师批评，被组长和组员骂，小明自己很伤心，同学不喜欢他，考试成绩直线下降等。

生2：我想告诉小明要认真做好前置作业，专心听课，按时完成作业，不会就找书，或请教同学，也可以问我。

生3：我想对"梦幻组"的组长和组员说，小明是你们的组员，组长要带着组员寻找小明不交作业的原因，帮助他，鼓励他，教他认真学习，教他写作业，而不是一起骂他。大家好才是真的好，有错就改还是好孩子，而且小明也有很多优点，比如劳动积极、跑步很快等。

生4：我想告诉小明的家长，小明没交作业是应该受到处罚的，但我希望你给他一次改正的机会，不要打他，要让他吃饭，不吃饭会长不高。平时你也不要只顾打麻将，而要提醒小明去写作业。

生5：我想对小明说，你不要伤心，我们都是你的好同学，以后专心上课，合理安排好时间，抄记好作业题，不会做就打电话问我或在QQ上问我，或课余时间问我。小明，加油！我相信你一定能做到的！

主持人：大家都说得非常好！上周，我们班"团结组"的作业完成得最好！全组同学一个星期都能按时交作业，而且交得最快、做得最好，他们组是咱们班的周冠军。他们组的小东以前也经常不交作业，今天，我们来看看他们是如何做到的。

三、活动二：演相声，谈感受

1. "团结组"表演相声《团结力量大》。
2. 大家从刚才的相声中看到了什么？你想对他们说些什么？

生1：组长好！你是一个好组长，小东以前是我们班最不爱做作业，成绩也里最差的，你主动说他，还要与他同桌。你还组织组员定出小组成员奖罚制度，时刻提醒组员专心听课，认真完成作业。小东进步了，你就给他加分，拿自己的零用钱给他买奖品。

生2：小东，你在组里是进步最大的，你真幸福，遇到那么好的组长和组员，要珍惜哦。小东，你真棒，学习进步了，也懂得感恩，也拿自己的零用钱捐给小组，用来买奖品给进步的组员，还经常帮组长收发、检查作业，为你点赞！

小东：我以前偷懒又贪玩，经常不交作业。自己成绩不好，让父母、老师失望。感谢我的组长、组员不嫌弃我，还努力帮助我，今后我要认真学习，按时完成作业。

四、活动三：听音乐，做卡片

（同学们交流自己按时交作业的方法）

主持人：大家都说得非常棒，都说出了按时交作业的小妙招。要按时交作业，你还有哪些小妙招呢？请拿出课前发给小组的彩色卡纸，5分钟内小组合作完成制作按时交作业的《金点子卡》。

（学生讨论交流并制作卡片，老师循环播放轻音乐《劳动最光荣》）

五、活动四：展卡片，说妙招

各小组上台展示小组合作完成的按时交作业的《金点子卡》，并各自说出自己想出的妙招和今后如何努力做到。其他组员给予评价。比比哪个组做得最精美，金点子最闪亮，妙招最高效，讲解最详尽，表达最流畅。评比出三个优秀小组并进行奖励。

六、活动五：谈收获，表决心

通过本次活动，大家一定有很多收获，也一定知道今后该如何做。请大家畅所欲言。

生1：我知道了不交作业的坏处，今后我要认真学习，按时交作业。

生2：我明白了不但要自己按时交作业，还要帮助同学，尤其是自己的组员，大家好才是真的好。

生 3：我明白了学习主要靠自觉，要刻苦认真，这样才会有好成绩，自己高兴，父母也开心！

生 4：我学到了很多按时交作业的好办法：自觉学习，课前做好预习，课堂专心听讲，课后认真复习，合理安排好时间，抄记好作业题，不会做复习思考或请教别人。

生 5：我也懂得了很多按时完成作业的妙招：充分利用时间，提前开工；上学、放学途中可与同伴互助完成背诵之类的作业；定好组规，组员互相提醒、帮助、鼓励，共同进步。

七、教师寄语

师：同学们说得真好！是呀，学习靠自觉，成绩靠努力；劳动最光荣，勤奋最可爱；互助显爱心，团结力量大。我相信大家今后一定能刻苦学习，按时交作业，一定能说到做到，因为我们是相亲相爱的一家人！（全班齐唱《相亲相爱的一家人》）

1月：安全

9. 课间，我们怎么玩

◎ 江苏省扬州市邗江区实验小学　卜恩年

[班会背景]

三年级学生突然从一楼调到了二楼，学生玩耍时不知轻重，很容易失了分寸。在年龄增大、身体成长的同时，活动空间又缩小，课间奔跑、打闹的现象司空见惯，班主任有处理不完的纠纷：牙断了，头出血了，皮破了……怎么办？是把学生全部关进教室，全天候监督，还是引导学生开展安全、有序、有益的活动？答案显然是后者。要想选择后者，我们就要从根上认识学生，老师与同学们一起行动，解决这些问题。

[班会目的]

1. 在充分尊重学生意愿的基础上，尊重学生开展的每一项课间活动，分析每一项活动的利与弊，权衡其中的得与失，认识课间如何选择的重要性。

2. 在活动当中，体现相互团结、相互体谅的合作精神，展示每一个人的自我精神面貌，在得到休息的同时，又能得到短暂的愉悦体验。

[班会流程]

一、班会活动

师：各位同学，今天我们班会的主题是"课间，我们怎么玩"。看到这样的主题，你认为本次班会应该研究什么？

（学生充分发言）

归纳：课间需要休息；课间可以做游戏；合适的游戏能够让每个人得到很好的休息，不好的游戏存在着安全隐患。

那么，我们可以梳理一下，我们在课间都是怎么玩的呢？

1. 游戏——大讨论

按照事先分好的小组，在组长的主持下，在8开的卡纸上写下自己近阶段玩过的游戏。

围绕三个角度思考、讨论、整理：(1)我们都做了哪些游戏？(2)对于这些游戏，我们是怎么看的？(3)课间游戏，我们的小建议。

各小组充分讨论，书记员记录、整理。

2. 游戏——我来说

汇报组1：我们小组共有8人，男生、女生玩的游戏不一样，我们小组选择的是比较激烈的游戏——追逐、斗牛、羽毛球、篮球。每一次课间，我们都玩得很嗨！

汇报组2：我们小组有9人，课间主要选择比较温和的游戏，如黑白电视机、橡皮筋、木头人、踢毽子。我们的困惑是每一次分组的时间很长，还没有怎么玩就又上课了。

汇报组3：我们小组有8人，课间喜欢打篮球、踢足球，有时也跳绳，但是球会掉到楼下去，每一次下去捡都很麻烦。

汇报组4：我们小组成员喜欢的都不一样，所以都是各玩各的，也不知道玩什么游戏。

汇报组5：我们喜欢静。在课间，我们就是看书、写作业，不喜欢运动。

汇报组6：……

3. 游戏——我来议

师：今天每个小组的发言都非常踊跃，知道了同学们十分渴望课间开展活动——做游戏，但是这么多游戏，这么短的时间，是多么尴尬啊。对此，你是如何看待上述小组的汇报的？请大家分小组讨论，然后请发言人汇报。

各小组继续讨论，5分钟后由各小组发言人汇报。

发言人1：我们小组认为，课间激烈的游戏是不行的，理由有两个：第一，楼道狭窄，容易迎面相撞；第二，与学校的"楼梯过道不奔跑"的要求不符。

生（有异议）：我们觉得既然是小孩子，奔跑是正常的。

发言人 2：我们觉得适合我们的才是最好的，我们小组选择的是踢毽子、黑白电视机、跨大步的游戏。

发言人 3：篮球、足球、羽毛球，这些球类运动是很好的体育运动，但是如果放到二楼上开展，我们想问的是，场地够不够？时间够不够？会不会影响到他人？

发言人 4：我们反对课间读书、写作业。一个人经过 40 分钟的学习以后，必须要休息，这样才能提高学习效率。

发言人 5：我们小组思考的是课间应该玩，要把休息放在第一位。

发言人 6：我们小组思考的是哪些游戏是可以玩的，在小组里面讨论的就是这些……

师：老师非常喜欢、欣赏同学们这样讨论，也喜欢这样一个形式，观点对立，这是正常的，但是我们还需要找到问题解决的路径。

4．游戏——我来选

师：在大家讨论的时候，我让班长整理了一下同学们喜欢的游戏，现在把这些游戏公布在屏幕上，大家开始投票。

各小组先讨论，然后再投票，各组统计选票，全班汇总。

讨论大家选择的理由。班长公布最后的讨论结果。

5．游戏——我提醒

公布此次票选结果：黑白电视机、跨大步、木头人、踢毽子、翻手为云覆手为雨。

师：这些游戏是大家票选出来的，那么在玩这些游戏的时候，需要注意什么呢？（分小组讨论，汇报整理）归纳：

(1) 注意人数不要太多，3～4 人为佳。

(2) 快速组合，争取每个人都能参与。

(3) 活动时需要注意安全，同时注意来往同学，避免碰撞。

6．游戏——不忘安全

我们为什么要开展此次班会呢？（播放事先录制好的视频）

从这一段视频当中，你看到了什么？你又想到了什么？作为学校的一分子，你又有什么好的倡议呢？

二、班会小结

师：今天这一节班会之前，全校特别是中年级出现了多次校园碰撞事件，学校对安全的重视再次上升了一个级别。那么这个时候，老师就一直感到十分为难，是不允许大家玩耍，还是让大家有序、合理地玩呢？显然需要的是后者，经过大家的讨论，我们已经明白了做什么、怎么做，安全意识要牢牢记在心间。

[班会延伸]

1. 针对自己开展的活动，编写一首与活动有关的小儿歌。
2. 抓住课间活动这一要点，给全校所有学生发安全活动的倡议。

1月：安全

10. 户外活动 安全常伴

◎ 江苏省仪征市新城小学　刘璐

[班会背景]

"老师，秋天到了，我们可以组织外出秋游吗？"周一早上，班长突然向我提出。现在，很多学校都取消了春游秋游活动，没有谁愿意冒险带学生外出，甚至操场上、小区里、公园内，孩子们自由自在活动的身影也少见了。为什么？怕出事，怕安全方面出问题，怕担责。活泼好动是学生的天性，对于三年级的学生而言更是如此，老师们该如何做既有益于学生的身心健康，又保证不出事故？户外活动时，我们要时刻注意安全相伴。

[班会目的]

1．明确户外活动的意义，认识安全的重要性，在活动中既要保护好自己，又要学会保护他人。

2．通过几次户外活动的情境模拟，明白如何在做好安全的基础上快乐地享受户外活动，陶冶情操，拓展视野，增强个人能力。

3．在活动中学会合作，学会分享，学会交流。

4．为班级下一次出游做宣传，做准备。

[班会流程]

师：同学们到户外活动，玩耍、郊游、野营、游戏、体育锻炼，活动的空间更加广阔，接触的事物复杂多样，潜在的危险因素也增加了。户外活动的安全就非同一般了。

播放学生在校园活动、户外活动的照片，同时播放一些安全事故方面的VCR。

师：看完VCR和照片，你有什么感受？

生1：户外很美丽，活动很有趣。

生2：那位女生的腿卡在滑滑梯里面了，一定非常疼。

师：你们知道该如何正确地进行户外活动吗？

生1：别出去了。

生2：去当然要去，安全第一呗！

师：不进行户外活动当然是不对的，只要有了安全保证，恰当的、适度的户外活动更加有益于身心健康。可是，你们看。（放几张存在安全问题的照片）今天，我们就来谈谈如何安全地、舒心地、快乐地进行户外活动。

活动一：课间活动时的安全

师：课间活动能够起到放松、调节和适当休息的作用。怎样安全地进行课间活动呢？

生1：课间活动应当尽量在室外进行，室外空气新鲜，可以缓解疲劳，清醒头脑。

生2：活动的强度要适当，不要做剧烈的活动，以保证继续上课时不疲劳、注意力集中、精神饱满。

生3：要选择简便易行的活动，如跳皮筋、捉迷藏。

生4：注意安全，避免发生扭伤、擦伤、碰伤等危险。

生5：出问题立刻报告老师。

生6：主动留意，热情帮忙。

生7：少做剧烈运动。

....

师：我们班每一个人都有自己的兴趣爱好，你最喜欢的户外活动是什么？如何做才会有安全保证？（展示安全活动清单）

生：……

师：非常棒，我们不仅了解了自己的兴趣爱好，还都明确了安全防范措施。

活动二：体育课上的安全

师：体育课在小学阶段是一门锻炼身体、增强体质的重要课程。体育课上的训练内容是多种多样的，上体育课大多是全身性运动，活动量大，因此要注意的安全事项也因训练内容、使用器械的不同而有所区别。

训练时，要学会保护自己，不要在争抢中蛮干而伤及他人。

在进行争抢激烈的运动时，自觉遵守竞赛规则对于安全是很重要的。

师：看！我们班昨天上体育课的情景。

（出示拍摄到的体育课小视频）学生欣赏。

师：可能还有许多同学活动的场景没有捕捉到，同学们可以用发现的眼光再去寻找。现在，请同学们看看，体育课上，我们的举止是否得体、规范、安全。

生1：我要夸王元，他衣服宽松合体，穿着运动服。

生2：我要夸周智，他注意听讲，技术操作要领记得牢。

生3：我要夸张茹一，她按教师指导，遵守规则，技术熟练。

生4：我要批评陈高圆和刘凯悦，他们不够严肃认真，还追逐打闹，容易发生意外。

……

师：你们做得很好，希望保持，希望你们牢记安全提示，记得活动时不要让自己和别人受伤！

活动三：参加集体劳动等社会实践活动的安全

师：小学生在学校学习阶段，常有机会参加学校组织的各种社会实践活动，例如到工厂或农村参加义务劳动、开展社会调查、参加各类公益活动等。我们必须保证参加社会实践过程中的安全。

班长汇报"社会实践安全防范"调查结果：

参加社会实践活动，同学们将面对许多自己从未接触过或不熟悉的事情，要保证安全，最重要的是遵守活动纪律，听从老师或有关管理人员的指挥，统一行动，不各行其是。

参加社会实践活动，要认真听取有关活动的注意事项，什么是必须做的，什么是可以做的，什么是不允许做的，不懂的地方要询问、了解清楚。参加劳动，同学们必然要接触、使用一些劳动工具、机械、设备，在这个过程中，要仔细了解它们的特点、性能、操作要领，严格按照有关人员的示范，并在他们的指导下进行。对活动现场一些电闸、开关、按钮等，不随意触摸、拨弄，以免发生危险。注意在指定的区域内活动，不随意四处走动、游览，防止意外发生。来回路途中，要注意交通安全。

活动四：游戏时保证安全

师：谢谢你，班长！同学们，你们喜欢做游戏吗？

生（异口同声）：喜欢。

师：游戏是同学们生活中的重要内容，游戏中要树立安全意识。那么，谁来说说游戏中有哪些注意点？

生1：要注意选择安全的场所。

生2：要远离公路、铁路、建筑工地、工厂的生产区。

生3：不要进入枯井、地窖等空旷设施，要避开变压器、高压电线。

生4：不要攀爬树木、电线杆、屋顶、高墙。

生5：不要靠近深渊（潭、河、坑）、水井、粪坑、沙坑等。

师：对，这些地方非常容易发生危险，稍有不慎，就会造成伤亡事故。

生：要选择安全的游戏来做。不要做危险性强的游戏，不要模仿电影、电视中的危险镜头，例如扒乘车辆、攀爬高的建筑物、用刀棍等互相打斗、用砖石等互相投掷、点燃树枝废纸等。

师：是的，这样做的危险性很大，容易造成预料不到的后果。

老师和学生们一起讨论，然后总结，游戏时要选择合适的时间。游戏的时间不能太久。这样容易过度疲劳，发生事故的可能性就会大大增加。最好不要在夜晚游戏，天黑视线不好，人的反应能力也降低了，容易发生危险。

活动五：运动会的安全

师：我们来模拟一次校秋季田径运动会吧。

播放运动会进场曲，老师说明情况：运动会的竞赛项目多，持续时间长，运动强度大，参加人数多，安全问题十分重要。

几位同学在前面展示竞赛项目。

师：请同学们评价一下，运动员的表现哪些要得哪些要不得。

生1：王大雷遵守赛场纪律，服从指挥，要得。

生2：李小茂在赛场中穿行、玩耍，不在指定的地点观看比赛，可能被投掷的铅球、标枪等击伤，也可能与参加比赛的同学相撞，要不得。

生3：很多运动员在做赛前准备活动，以使身体适应比赛，要得。

…………

师：我们再请组长说说感受。

生1：临赛前不可吃得过饱或者过多饮水。临赛前半小时内,可以吃些巧克力，以增加热量。

生2：比赛结束后，不要立即停下来休息，要坚持做好放松活动，例如慢跑等，使心脏逐渐恢复平静。

生3：剧烈运动以后，不要马上大量饮水、吃冷饮，也不要立即洗冷水澡。

生4：要保持心情愉快，做到文明礼貌。

…………

总结：通过同学们的积极发言和深入思考，我们发现运动会成绩固然重要，但安全第一，没有安全，没有健康的身体，再好的成绩也是枉然。

(转身问台上的几名小运动员)你们有所领悟吗？

活动六：郊游、野营活动的安全

下周五，我们要去张庄公园郊游，老师向班内同学分配任务：

(1)事先对活动路线、地点进行勘察。(班长)

(2)做好活动的组织工作，制订活动纪律，确定负责人。(纪律委员)

(3)参加活动的人统一着装（校服），这样目标明显,便于互相寻找,防止掉队。(生活委员)

(4)所有参加活动的人要严格遵守活动纪律，服从统一指挥。(副班长)

(5)要准备充足的食品和饮用水。(生活委员)

(6)准备一些常用的治疗感冒、外伤、中暑的药品。(劳动委员)

(7)要穿运动鞋或旅游鞋,不要穿皮鞋,穿皮鞋长途行走脚容易磨泡。(体育委员)

活动七:自救培训

老师引导同学认识报警电话110和急救电话120,在班级内模拟拨打电话。屏幕展示:

尽心尽力做好自己该做的,做好每一件小事,参加每一项活动,都要严格按规定采取保险措施,例如系好安全带、锁好防护栏等。不要开玩笑或冒险做出一些危险的举动。患病或身体不适时,不要勉强参加活动。要爱护公物。遇到不测,不要慌,要冷静,头脑清醒,呼唤周围的人救急,保护好现场。

师:同学们,瞧,只要我们细心耐心,户外活动就不会那么可怕,只要我们防患于未然,我们就一定会体味到大自然的魅力。

[班会延伸]

安全意识只是存在于户外活动之中吗?我们在家里和爸爸妈妈爷爷奶奶生活要注意什么?我们在校园里要注意什么?我们去商场、银行时要注意什么?老师希望你们起每天都这样问问自己:

一问天气变化了,我注意添减衣物了吗?

二问行走在校园内外,我能发现哪些安全隐患?

三问假如明天远足,我准备好了吗?

3月：自信

11. 自信助我成长

◎ 8+1班会小学组

[班会背景]

法国教育家卢梭曾经说过："自信心对于事业简直是一种奇迹，有了它，你的才干便可以取之不尽，用之不竭；一个没有自信的人，无论他有多大的才能，也不会抓住一个机会。"随着年龄的增长，小学三年级学生自我评价能力开始逐步形成，可往往容易出现偏差：有的对自己估计过高，骄傲自满；有的则对自己估计过低，缺乏自信。随着学业难度的增大，后者情况更严重。表现在课堂上，回答问题时小手如林的动人画面少了，回答问题的声音小了，争着上台展示的孩子少了。帮助这些孩子正确地认识自我、建立自信，引导他们积极进取、勇于表现，是班主任应做的工作。

[班会目的]

1. 帮助孩子们了解自信在学习、生活中的重要作用。
2. 指导孩子们正确认识自我，教给他们获得自信的方法，建立自信。
3. 引导孩子们学会不断调整自己，以平常心对待学习、生活中的挫折和失败，努力保持自信，促进孩子们心理健康发展。

[班会流程]

一、故事导入

师：同学们，知道你们喜欢听故事，今天老师准备了一个故事，你们想听吗？

生：想。

师：有一头小象，被一根长长的链子拴住，它经过许多次的努力都无法挣脱链子的束缚，长大以后，虽然它的力量足以挣脱这条链子，然而它却从未想过挣脱。即使链子拖在地上，不加固定，它也不会去努力。这是为什么？

生：因为大象小时候觉得自己挣脱不了，习惯了；大象不了解自己；以前的失败让它没了信心……（学生自由回答）

师：过去一次次的失败告诉它，自己不行。其实大象现在行不行？

师：这头大象身上出现的问题，在我们身上也有哦！比如上课时，面对老师提出的问题，许多同学不敢回答，认为"我不会"；班会活动让展示一下才能，有些同学不敢上台，认为"我不行"；发现自己成绩不如人，做作业也失去了自信，始终拖拖拉拉的，似乎甘愿落在后面。这些同学和这头大象一样，缺少了一个非常宝贵的东西。你们知道是什么吗？

生：自信心。（自信、信心）

师：同学们说得好，缺少的是自信。拥有自信的人所向无敌，拥有自信的人快乐无比。今天，让我们一同去认识"自信"。

二、认识自信

师：看着"自信"一词，人们会想到它的两个兄弟——自卑、自大。那么，什么是自信？它和自卑、自大有什么区别呢？我请几位同学准备了小品表演。下面请欣赏小品《文艺演出》。

（表演小品的四位同学上场）

文艺委员：我是班级的文艺委员，过几天学校要举办一个文艺表演，让每个班都出一个节目，该让谁去表演好呢？对了，让她去。"自卑同学"，大家都说你唱歌唱得好，你能代表我们班去学校表演吗？

"自卑同学"：不，不，不行，我真的不行。我自己瞎唱还可以，可一上台，我准紧张，到时唱得准跑调，我一定会搞砸的。

文艺委员："自信同学"，你嗓子不错，你能准备一个节目参加学校的表演吗？

"自信同学"：好吧，我试试。虽然我没有上台表演过，但我相信通过精心的准备，我可以做好这件事情。

文艺委员："自大同学"，你也很好，不如你和自信同学一起准备节目吧？

"自大同学"：哼哼，我当然很好啦，人家都说我高端大气上档次。要说唱歌，咱班谁比得过我呢？但是我才不要和"自信同学"一起表演，他档次太低了！

师：谢谢四位同学的表演。同学们，他们的表演向我们展示了什么是自卑、自信和自大，你了解了吗？

生：自卑就是觉得自己不行；自信就是既看到自己的优点，也看到自己的不足，并努力克服不足；自大就是过高地评价自己，看不到自己的不足……

师：这三者，你们喜欢哪一个呢？

生：喜欢"自信同学"。

师：是啊，我们喜欢"自信同学"。自信是非常可贵的品质。（课件出示）自信就是正确地认识自己，既看到自己的优点，也看到自己的不足，并努力克服不足，积极向上的乐观情绪。有了自信，我们就像长了一对隐形的翅膀，它能带我们飞向成功的彼岸，帮助我们快乐地成长。今天我们的班会课的主题就是——自信助我快乐成长。

三、树立自信

1. 游戏：取"种子"——找优点，说优点

师：正确认识自我是自信的前提，它就好比自信的种子。老师这儿有一个"种子库"，里面装的是你们课前写有自己优点的便利贴。现在，我想请同学们取出"种子"。如果抽到自己的，大声读出来；如果抽到别人的，猜猜"种子"的主人是谁。哪位同学先来？

（老师请4～5个学生依次走到讲桌旁取"一粒种子"——一张写有某位同学优点的便利贴）

（抽到的是自己时）学生在讲台上读自己写的内容。

师：其实他还有很多优点，谁来补充？

（学生回答。教师及时指导，"种子"的主人将优点补充写在便利贴中）

（抽到的是其他同学时）师：猜一猜谁是"种子"的主人，走到他面前，把便利贴上的优点读给他听。不过，我们也很想知道你猜对了没有，大声读出来吧！如果你觉得"种子"主人的优点便利贴中有遗漏，那你还可以直接说出来。（学生读"种子"主人的优点，并口头补充。若说不上来，再请其他同学补充。若是猜错了，请同学帮忙）

师：请组长将"种子"发给同学们，同学们根据手上的"种子"，去找到它的主人。交到主人手中时，大声地将他的优点读出来，并补充说出来。如果正好是自己的，也大声读出来。之后，可以再将补充的优点写在便利贴中。

师：看来，不少同学能准确地写出自己的优点，也有的同学自我认识不够，不过，在同学的帮助下，同学们会发现，我们每个人都有不少优点！当我们胆怯自卑时，不妨想想自己也有许多值得欣赏的地方。让我们把自信的"种子"植到内心，读一读，记一记，并将它们发扬下去。

（同学间交流自己的优点）

2．小博士支招——教给自信的方法

师：同学们，有了自信的"种子"，那么怎么让自信这棵树成长起来呢？聪明的小博士为我们提供了树立自信的两大秘诀。

（出示课件。树立自信的秘诀1：失败是成功之母，乐观进取；树立自信的秘诀2：天生我材必有用，发展自己）

师：你们能否根据小博士提供的关键词，说说这两大秘诀的奥妙呢？请前后桌四人小组开始讨论。

（学生分四人小组展开讨论）

师：同学们讨论得可真热烈，那么我们交流一下吧！

（1）故事例证——失败是成功之母

师：哪组同学来说说对"失败是成功之母"的理解？请结合具体的事例来说。

生：不要怕失败，只要吸取教训，下一次就可能会成功；失败不可怕，怕的是失败了就放弃；做什么事情，都不能轻易放弃……

师：是啊，对于善于吸取教训的人，失败也是财富。让我们来看看科学家爱迪生发明电灯丝给我们的启发（出示课件），请一位同学来朗读。

爱迪生发明电灯丝失败过一千次。他说："失败也是我所需要的，它和成功对我一样有价值。只有在知道一切做不好的方法以后，我才知道做好一件事的方法是什么。"这里，爱迪生给我们指出了一条对待失败的科学道路：在失败中总结经验和吸取教训，在失败的过程中一次比一次更接近成功。

师：爱迪生乐观进取，屡败屡战，懂得从失败中吸取教训，才成就了伟大的发明。他用实践告诉了世人该如何看待失败。

（2）视频感悟——天生我材必有用

师：那么，"天生我材必有用"又该如何理解呢？在交流前，请大家先看视频。

（播放中央电视台中文国际频道《华人世界》魔术小王子王亦丰接受采访的视频。视频的主要内容为王亦丰从小就很自卑，很孤僻。7岁时，他喜欢上了魔术，从此认真学习表演，慢慢找到了自信。经过近20年的刻苦努力，他成了年轻的大师级魔术师）

师：看了视频，你对小博士提出的秘诀二是不是有了更深的领悟呢？谁来说说？

生：人都是有用的，要相信这方面不行，其他方面通过努力总能行；我们只要刻苦努力，就会成为有用之人；要弥补不足，努力向他人学习，面对自己的不足，不能气馁，要相信别人能做的事，自己通过努力也能做到……

师：刚才，小博士从面对失败和不足两个角度给我们支召，告诉我们应当有乐观积极的心态，面对失败，不要放弃，要学会从失败的结果中吸取教训，并发现成功的种子，才是最要紧的；面对缺点，不要气馁，要有雄心壮志，用自己的优势来为世界添彩，并学会扬长避短，发展自己，从而建立起自信。

四、秀出自信

师：自信的人活泼、大方、勇敢。在众人面前，又怎样表现出自信呢？请看班级学习委员获奖的演讲视频——《隐形的翅膀》。（教师播放录像）

师：看了学习委员的演讲，你受到什么启发呢？怎样表现出自信呢？

生：眼睛大胆看观众；面带微笑，表情大方；声音不能太轻；说话表演时腰板要直，人要有精神……

师：同学们真是善于观察思考。那让我们来采访一下学习委员，看看她是怎么做到的!

学习委员：除刚才同学们说的那些之外，我为了让自己放松，习惯在比赛前对自己说："我能行!"

师：原来如此，将同学们的意见综合一下，就是眼睛正视前方，提高音量，微笑着对自己说"我能行"。请同桌之间相互练习一下。(同桌间练习)

师：同学们，知道自信的表现方法，能否尝试着表现出自己的自信呢?

教师请学生上台展示。(尽量请先前不够自信，但这节课能勇敢举手的学生)

师：看了你们的展示，我非常感动，不少同学有不小的进步，有的在努力克服自己的胆怯，有的勇于挑战自己……尽管我们有不足，但我们记住——自信是有助于我们成长的力量。有了这份力量，你就会所向披靡!

五、保持自信

师：拥有自信的人能成功，拥有自信的民族能强大。祖国未来的建设者们，老师愿你们保持自信，不断超越自我! 你们是最棒的!(出示课件并播放音乐《相信自己》)

师：请同学们把写有自己优点的便利贴贴在"自信树"上。让自信的种子在我们每位同学心中生根、发芽、开花、结果。愿同学们心中的自信之树能根深叶茂，也祝同学们在自信中快乐茁壮地成长，成为参天大树，成为祖国建设的栋梁之材!

(音乐声中，学生将便利贴粘贴在黑板上的"自信树"上)

3月：自信

12. 笑对挫折

◎ 江苏省扬州市邗江区杨寿学校　钱猛

[班会背景]

孩子的健康成长关乎着家庭的未来与希望，关乎着国家的发展。因此，孩子的心理健康教育非常重要，特别是面向小学生的心理健康教育，更应该从小抓起，培养孩子独立自主、勇敢面对的能力。

[班会目的]

1. 认知：通过本次主题班会，使学生了解挫折在人生路上是不可避免的，提高对挫折的承受能力，掌握对待挫折的正确方法。

2. 情感：树立学生的信心，让挫折成为学生向上攀登的垫脚石。鼓励学生在遭遇挫折时，努力战胜挫折，做生活的强者。

3. 行为：通过讨论发言，使学生能够正确对待挫折，提高抗挫能力，掌握正确对待挫折的办法。

[班会流程]

一、认识挫折

在生活中，我们常常祝愿他人万事如意、心想事成、一帆风顺等，但是恐怕并没有人真的相信能够像他人祝愿的那样事事顺心。那些祝福只是人们良好的愿望。

在现实中，每一个人的人生道路都不可能是一条笔直、宽阔、平坦的大道，总是布满坎坷与荆棘。坎坷在每个人的生活中都存在，只不过或大或小罢了。

人的一生总会遇到许许多多的挫折，而遇到挫折时，有些人会从中寻求希望，愈挫愈勇，以更加旺盛的斗志继续人生的旅途；而有些人则先想到逃避，让自己沉睡在迷茫中，希望时间能冲淡这段痛苦的回忆。不同的人对待挫折的不同态度，就注定人与人之间不同的命运。

二、认识生命，思索生命

当年，初生的我们被父母骄傲地托起；当年，幼小的我们也是这样蹒跚学步。如今，我们已长成一个个激情四溢的少年。

生命是如此的蓬勃与美丽，生命属于我们每一个人只有一次，因此我们要热爱生命。但是，当下的小学生的耐挫能力不强，遇到困难和挫折时不敢直接面对，而是选择一些逃避的方式。

（课件展示报纸上公布的小学生轻生的真实事例和数据）

请同学们说说自己的感想，我们的生命到底怎么了？我们应该如何对待她？生命是如此的脆弱，我们要学会——笑对挫折。

三、师生互动，体会微笑

那么，同学们遇到过哪些挫折（包括学习、感情、生活）呢？将你遇到的挫折、困惑以及自己与挫折抗争的经历写在纸条上。（轻音乐）什么时候？遇到什么挫折？当时是什么感受？后来怎么解决的？对当时的处理方式满意吗？如果不满意，要怎么做才好？

接着从中选取四个典型案例——呈现：考试考砸了、与好友吵架了、被老师误解、被父母批评了。通过设计几个活动，师生互动，让学生有效地掌握应对挫折的方法。

活动1：学生欣赏《情感AB剧》。

A：学习优秀的学生小军，在班级中一直名列前茅，一次考试没考好，整天愁眉苦脸。

B：学习优秀的学生小军，在班级中一直名列前茅，一次考试没考好，但是积极面对，毫不气馁。

师：由上面的短剧，同学们可能会发现，同样的挫折，不同的人，不同的心态下往往会有不同的结果。谁能说一说，遇到了挫折后我们应如何对待呢？

（学生讨论）

师：对待挫折要有正确的认识和心理准备，要培养坚强的意志，还要多与人交流。我们在遇到挫折后，会用哪些方法对待呢？

生：写日记、听音乐、打球、购物等。

师：我们可以采用宣泄法、音乐疗法、转移注意法。挫折是人生的一笔财富，从某种程度上说，它是我们事业成功的基石。经历挫折，可以磨炼我们的意志，可以促使我们去学习更多的知识，迎接更大的挑战。

活动2：走近巨人，寻获方向

分组讨论交流。请组内同学分别讲述一位你认为较成功的人士，讲一讲他在奋斗过程中遇到了哪些困难和挫折，又是如何克服的。

马克思说："伟人之所以伟大，是因为我们跪着看他，站起来吧！"走近巨人，敢于向伟人看齐，学习他们直面挫折的勇气和信心！

活动3：小论坛

请学生推荐几位"快乐之星"，老师采用现场采访的方式，请他们谈谈平时是如何做到抛却烦恼、战胜挫折的。然后因势利导，老师支招，总结战胜挫折的方法，使学生明白自身的价值，增强其自尊心和自信心，我们应该笑着面对生活中的不如意和困惑。正如罗丹所说："生活中从不缺少美，而是缺少发现美的眼睛。"

（全班齐唱歌曲《阳光总在风雨后》）

教师总结：尊重生命，敬畏生命，把握生命，珍视生命。我们的生命都是自然的馈赠，谁都无权荒废一点一滴。尊重生命，珍视生命，本是生命最深处应当承载之重。背负这生命起码的重量，我们才能走得更稳，更有力。

四、情感升华，绽放生命

在音乐伴奏中，一名女生声情并茂地朗诵诗歌《生命如花》，投影展示地震中受灾群众的坚强面孔和残奥会中永不言弃的运动员。通过情感渗透，激励着学生，也震撼着学生的心。

接着在粉红色的心形纸上填写信心卡，互相馈赠。旨在使学生认识到生活需要微笑，生命才有向困难挑战的勇气！认真过好每一天，认真对待每一分钟，我们的生命过程必将像花儿一样怒放！

五、总结

班主任寄语全班同学：变挫折为动力，做生活的强者！

全班齐唱《怒放的生命》，结束此次班会。

[班会延伸]

推荐阅读：《假如给我三天光明》《拿破仑传》《名人传》。让我们从名人身上汲取力量！

4月：传承

13. 革命故事我来讲

◎ 江苏省无锡市新安实验小学　吴虹

[班会背景]

课间，两个男孩在讨论放牛郎二小的故事，一个说："二小真聪明！他想办法把敌人引到了其他地方，保护了村民。"另一个感叹："我要是二小，一定被吓得不知道要干吗！"听到这个对话，我想到，孩子们学过《歌唱二小放牛郎》这篇课文，也看过动画电影，对这个英雄形象有一定了解，正可借清明节之际，大家一起重温革命故事，传承英雄精神，把红色的种子在下一代的心里播种？

[班会目的]

1. 让学生学习革命故事，重温英雄事迹。

2. 树立爱国情怀，向革命先烈学习，激励自己前进。

3. 珍惜今天来之不易的幸福生活，奋发向上，健康成长。

[班会流程]

班会导入：清明——我们来认识英雄

主持人：大家好，我是这次班会的主持人。马上就是清明节了，我们特此召开"革命故事我来讲"的主题班会，以此纪念革命先烈，传承英雄的精神，激励自己更好地前行。

春天，万物复苏，春意盎然。春天，是最令人向往的季节。人们总不会忘记祭扫烈士墓，缅怀革命先烈。看烈士事迹，学烈士精神，踏上红色之旅，感受今天美好生活的来之不易!我宣布"革命故事我来讲"主题班会现在开始。

第一环节:诗歌朗诵《英雄赞歌》——诗歌里面的英雄

英雄赞歌

鲜花,像灿烂的火把燃烧在眼前……

五星红旗,像熊熊的烈焰映红了苍穹……

面对庄严的墓碑,我们心如潮涌

面对先烈的英灵,我们热泪盈眶……

耳边,仿佛还震荡着激烈的枪炮声

眼前,好像还弥漫着战斗的浓浓硝烟……

永远不会忘记,身先士卒,革命志士逞英豪

永远不会忘记,力战顽敌,一片丹心照乾坤

一个声音高喊着,勇往直前,战斗不息……

是你们,使天空变得晴朗高远

是你们,使大地变得瑰丽斑斓

是你们,使阳光变得灿烂辉煌

是你们,使春风变得和煦温暖

高亢的国歌在耳边响起,鲜艳的国旗在空中飘扬

听,革命先烈,鲜红的热血

谱写的英雄赞歌,是多么嘹亮,多么激昂……

第二环节:清明节习俗

清明节的习俗是丰富有趣的,除了扫墓,还有踏青、荡秋千、蹴鞠、打马球、插柳等一系列活动。相传这是因为清明节要寒食禁火,为了防止寒食冷餐伤身,所以大家来参加一些体育活动,以锻炼身体。因此,这个节日中既有祭扫的悲酸泪,又有踏青游玩的欢笑声,是一个富有特色的节日。

我主要向大家介绍放风筝的习俗。放风筝也是清明时节人们所喜爱的活动之

一。每逢清明时节，人们不仅白天放风筝，夜间也放。夜里在风筝下或在拉线上挂上一串串彩色的小灯笼，像闪烁的明星，被称为"神灯"。过去，有人把风筝放上蓝天后，便剪断牵线，任凭清风把它们送往天涯海角，据说这样能除病消灾，给自己带来好运。

第三环节：听歌曲《歌唱二小放牛郎》——歌曲里面的英雄

王二小真了不起，年纪虽小却那么勇敢。

先烈们，在中华民族面临生死存亡的危险时刻，用自己的血肉之躯筑起了长城，与日本帝国主义侵略者进行战斗。他们把对国家、对劳苦大众的爱化作战斗中同敌人拼杀的精神力量，不怕牺牲，勇往直前，建立了人民当家做主的新中国。

第四环节：讲故事——故事里面的英雄

聆听一则关于夏明翰的故事——《夏明翰的故事》。

听完这个故事，你想到了什么？（学生交流感受）

第五环节：议英雄——我们心中的英雄

和平年代，我们如何继承英雄的精神？（分小组讨论）

争创英雄中队，老师与同学共同制订争创目标。

班会小结

我希望大家都能珍惜今天来之不易的幸福生活，好好学习。为了祖国的繁荣强大，为了烈士的鲜血不白流，我们一定要努力学习文化知识，长大了报效祖国。

今天的主题班会到此结束！

[班会延伸]

1．请每位同学写下自己听完革命故事的感想。

2．和同学分享自己知道的其他革命故事。

3．时常温故，用英雄的精神激励自己前进。

4月：传承

14. 再见吧，我的坏习惯

◎ 广东省清远市连南县顺德希望小学　文秀娣

[班会背景]

三年级学生年龄较小，他们自律性较差，随意性强，一些坏习惯一旦养成，很难改正。我校从一年级便进行"习惯养成教育"，但三年级的同学还是存在一些坏习惯，比如纪律松散、学习不用心、上课经常搞小动作、不按时完成作业等。好习惯的培养迫在眉睫。本次主题班会确定为"再见吧，我的坏习惯"。

[班会目的]

1. 通过班会，让学生能辨识好习惯和坏习惯，发现并改正自身的坏习惯，提高自我控制能力。

2. 让学生认识到坏习惯对人产生不良影响，好习惯会带来益处。

3. 找出改正坏习惯的方法，最终养成好习惯。

[班会流程]

班会导入：惟妙惟肖来表演

师：播下一个行为，收获一种习惯；播下一种习惯，收获一种性格；播下一种性格，收获一种命运。这句话我们都听过，它充分说明了习惯的重要性。对小学三年级学生来说，养成好习惯尤为重要，它将影响人的一生。相信今天的主题班会"再见吧，我的坏习惯"会给同学们带来启示。下面请欣赏小品《我们身边的事》。

旁白：上课的预备铃响了，同学们自觉拿出语文课本，背诵古诗《小儿垂钓》《夜书所见》。

同学甲上气不接下气地跑进教室，一边吃着面包，一边随手把刚刚用过的纸巾扔到墙角，若无其事地回到自己座位上，还没放下书包，就急急忙忙翻起同桌的作业本。

同学乙：你怎么又迟到了，以后早点来哦。你拿我作业本干吗？

同学甲：（边翻边问）你语文作业做好了没？我昨晚忘了做。（看到同桌语文作业，兴奋不已，直接把作业拿来抄）

旁白：上课铃响了，同学们在专心地听课，认真做笔记，积极回答问题。同学甲、乙在干吗？

同学乙专心听课，认真做笔记。

同学甲一会儿拿起语文书翻来翻去，一会儿拿着手中的笔转着，一会儿拿着笔在书上乱涂乱画，一会儿东张西望，还时不时哼着小曲，旁边同学都在偷笑。他玩腻了，然后直接趴在桌上睡觉了。

旁白：下课铃声响起。

同学乙：（轻轻地拍拍同学甲的肩膀）下课了，你不舒服吗？

同学甲立马站起来，理都没理同桌，直接奔出教室去玩了。

老师（带领同学们鼓掌）：刚刚三位同学表演的小品真棒，每人奖励一个笑脸纽扣。

第一环节：火眼金睛来寻找

师：现在请同学们归纳一下小品中同学甲表现出哪些坏习惯。

生1：老师，小品中同学甲带面包进校，不讲卫生，乱扔垃圾。

师：真棒！你看得很认真，说得很好，同学甲不遵守学校的规章制度，带零食进校，随地扔垃圾，这是没有养成良好的卫生习惯。老师奖励你一个笑脸纽扣。其他同学有没有补充呢？

生2：老师，我有补充，同学甲上课不专心听讲，不认真做笔记。

师：你说得真对，上课不专心听讲，不认真做笔记，这是同学甲没有养成良好的学习习惯，老师也奖励你一个笑脸纽扣。同学们，同学甲还有哪些不良学习习惯呢？还没有得到笑脸纽扣的同学要加油了。

生3：老师，同学甲不良学习习惯还表现在作业没按时完成。

师：真不错！你不但认真欣赏小品，而且脑子很灵活，老师刚问同学甲有什么不良学习习惯，你能马上说出来，老师也奖励你一个笑脸纽扣。

生4：老师，我还有补充，除了刚刚几位同学列举的同学甲的不良学习习惯，还有上课睡觉。

师：你记性真好，老师都差点儿忘了这一点。对啊，同学甲上课睡觉也是属于不良学习习惯，老师也奖励你一个笑脸纽扣，真棒！谁还有补充的吗？

生5：老师……（吞吞吐吐不敢说）

师（微笑着走过去）：不用支支吾吾，想到什么就说什么，老师相信你可以的。

生5（小声说）：同学甲上课搞小动作也是属于不良学习习惯吗？

师：对啊，说得真棒！上课搞小动作也是属于不良学习习惯，这也是他的坏习惯，谢谢你的补充，以后上课要像这节课一样，对自己充满信心，大胆积极举手回答问题，奖励你一个笑脸纽扣，继续加油！刚刚这位同学平时不敢举手回答问题，今天的表现真棒，我们应该怎样做呢？（全班响起了热烈的掌声）

生6：（举手）老师，我觉得除了刚刚同学们说的同学甲的不良卫生、学习习惯外，还有一个不良习惯就是您经常说的礼仪习惯，同学甲对同桌的问话不理不睬，没礼貌……

师：真棒！你还会联系生活实际回答问题，还帮老师总结出同学甲身上的坏习惯有……

生（异口同声）：卫生习惯、学习习惯、礼仪习惯。

师：看来你们欣赏小品时很认真，那么快就回答出来了，都是上课认真听讲的好孩子。其实，小品中的这些坏习惯在我们班的一些同学中也存在，总结起来就是卫生习惯、学习习惯、礼仪习惯。看了同学们的表演，听了大家的发言，大家对习惯有了一定了解，其实习惯就是长时间养成而不易改变的行为。坏习惯是对自己和他人的身心有害，不利于自己和他人的身心健康的行为。那么，坏习惯有哪些危害呢?下面我们来听听吧。

第二环节:说危害

师:坏习惯有哪些危害呢?我们来听听吧。下面请甲、乙同学表演快板《坏习惯危害大》。

甲:坏习惯,危害大,直接影响你我他。学习倒退直向下,思想落后表现差,表现差。

乙:坏习惯,危害大,健康心理毛病发。一天到晚情绪差,人格修养倒地爬,倒地爬。

甲:坏习惯,危害大,班风班貌全搞垮。不顾集体好和差,竞赛红旗全跑了,全跑了。

乙:坏习惯,克服它,要靠全班一体化。帮你帮我也帮他,师生家长笑哈哈,笑哈哈。

师:谢谢这两位同学,你们觉得这两位同学的快板表演精彩吗?

生(鼓掌):好精彩!

师:确实,这两位同学的表演很精彩。从快板表演中,我们知道了坏习惯危害很大,你们能举例子说一说坏习惯有哪些危害吗?老师觉得爱动脑筋的孩子是最棒的,谁是最棒的呢?

生1:老师,我是最棒的!我想到了不讲卫生的危害,乱扔垃圾,乱吐口痰,我们会很容易生病。

师:对,你可真棒!用举例子来说明坏习惯的危害,坏习惯影响着我们的身心健康,告诉同学们要养成良好的卫生习惯,老师奖励你一个笑脸纽扣。请问,还有谁觉得自己也很棒呢?

生2:老师,我觉得我们从小要养成好习惯,如果坏习惯一直改不掉,长大了可能会使我们丢掉工作。

师:老师听了你的发言,很惊讶,你怎么会想到丢掉工作呢?

生2:是因为每次只要我有坏习惯,我爸爸就会说我,如果你的坏习惯一直改不了，长大了就很难找到工作。

师：原来是这样，不错，能够从生活的例子中得出答案，老师也奖励你一个笑脸纽扣。请问，哪位同学有其他看法呢？

生3：老师，我也是最棒的！我想到了如果上课不认真听讲，课后不自觉做作业，养成不良的学习习惯，成绩就会下降。

师：真棒！你说出了养成不良的学习习惯，学习退步，成绩会下降。现在，我们知道了坏习惯危害很大，可能影响身体，可能影响你的成绩，可能让你失去好朋友，甚至会让未来的你失去好工作。从今以后，我们要养成好习惯，坚决和坏习惯说再见。

第三环节：再见吧，坏习惯

1. 做一个小游戏

师：我们来做一个小游戏，大家伸出小手，双手交叉，看一看是左手大拇指在上，还是右手大拇指在上。可能有的同学左手大拇指在上，有的同学右手大拇指在上，这是每个人的习惯，但是，刚刚左手大拇指在上的同学，你现在可以把右手大拇指放在上面，刚刚右手大拇指在上的同学，可以把左手的大拇指放在上面，可能有些同学会觉得不舒服，是吗？

生3：是呀，很不舒服。

师：因为你习惯了最初的习惯，刚刚只是做了一次，现在你反复做刚刚的动作3次，感觉怎样？

生4：感觉比之前舒服了很多，比较习惯了。

师：对呀，如果你一直做同样的动作，次数多了，你就慢慢习惯了，现在你反复做刚刚的动作21次，感觉怎样？

生5：我发现反复做刚刚的动作21次后，已经习惯了，让我随便做一次，我做的动作和第一次刚好相反，这也太神奇了。

师：所以说，习惯是可以改变的，平时我们的一些坏习惯也可以改掉，用好习惯代替坏习惯。下面我们来说说养成好习惯的方法。

2. 养成好习惯的妙招

师：同学们的表现真棒，聪明的你们，可不可以分享一下养成好习惯的妙招呢？

生1：老师，我有养成好习惯的妙招，那就是坚持。我妈妈告诉我，要坚持自己的好习惯，比如每天回家按时完成作业，每天上课不迟到、认真上课等。

师：谢谢你的妙招，能够结合自身情况来说，让人信服，棒棒的，老师奖励你一个笑脸纽扣。养成良好习惯，请问，同学们还有其他妙招吗？

生2：老师，我有妙招，可以让家长、同学、老师监督我们。在家里，我会找妈妈监督我，如果我有坏习惯了，妈妈就会告诉我，教我怎样做，监督我把坏习惯改正，我觉得这个方法也不错。谢谢大家！

师：你们有没有听到，这位同学回答问题后，说了句什么？

生：谢谢大家。

师：对啊，这也是一种好习惯，属于礼仪习惯。我们应该多向这位同学学习，找家人、同学或者老师监督自己改正坏习惯。老师也奖励你一个笑脸纽扣，希望你用自己的妙招把坏习惯改掉。孩子们，还有什么妙招吗？

生3：老师，我觉得学会接受别人的批评，也是养成良好习惯的妙招。

师：对啊，你这个方法也很好，勇于接受别人的批评，说出自己的坏习惯，然后改正，就很棒了。老师奖励你一个笑脸纽扣。还没有拿到笑脸纽扣的同学别气馁，动动你们聪明的大脑，想一想还有什么妙招。

生4：老师，我突然想到了，我们要多看别人的好习惯，向别人学习。

师：你真棒！虚心学习别人的好习惯，再看一看自己的坏习惯，对照学习，这也是一个好方法，老师奖励你一个笑脸纽扣。刚刚很多同学说了自己养成好习惯的方法，我知道，同学们还有很多妙招，有机会我们再聊。

3．再见吧，我的坏习惯

每一位同学拿出一张白纸，根据今天主题班会谈论的坏习惯，对照自己，写出你的坏习惯，把它折成纸飞机，然后将你的坏习惯扔到垃圾桶，大声喊出：再见吧，我的坏习惯。

班会小结

现在，同学们应该知道坏习惯的危害以及怎样改掉坏习惯了，希望同学们能早日改掉坏习惯，大声和坏习惯说再见，养成好习惯，取得人生的成功。最后，老师把这几句话送给大家：播种行为，收获习惯；播种习惯，收获性格；播种性格，收获命运。

5月：成长

15. 小鬼当家

◎ 江苏省扬州市开发区振兴学校　张超

[班会背景]

　　成长，是一个微妙的过程，是一个敏感的阶段，也许前一刻你还在为他的无理取闹而头疼，但是下一秒你又被他的体贴震惊。三年级是孩子成长过程中的一个重要阶段，他们不再是流着鼻涕、亦步亦趋跟在你身后的"小跟屁虫"，他们开始慢慢有了"小主人"的心态。对于孩子这种"小主人"的心态，我们该不该鼓励呢？如果盲目鼓励孩子，会造成孩子的盲目自信。如果一味打压，孩子的个人意识得不到发展，对孩子的成长没有益处。其实，"小主人"心态是自然形成的，是孩子成长的一种表现，值得鼓励。但鼓励孩子做"小主人"不仅仅是教他如何"招待"陌生人，更是教他有责任意识。"小鬼当家"的真正内涵在于让孩子知道，作为一家之主，最基本的责任就是保证家庭环境的安全。

[班会目的]

　　1. 通过组织开展对"小鬼当家"话题的讨论，加强学生认识自我，培养孩子的主人翁意识。

　　2. 引导学生将主人翁意识延伸到社会生活中，内化为学生的责任意识。

[班会流程]

　　一、谈话导入

　　师：同学们，你们觉得什么是成长？

生1：成长就是不需要父母操心，能做一些力所能及的事情。

生2：成长就是独立。

生3：成长是一件值得骄傲的事情。

师：同学们说得都不错，大家对成长都有自己的理解。张老师也发现，同学们慢慢有了"小主人"的意识，愿意用"我"来开始自己的对话，这是一件值得高兴的事情，说明你们在成长。只不过啊，有些"小主人"却不是很合格。同学们一定都看过电影《小鬼当家》，也有很多同学幻想自己像电影中的"小鬼"一样"当家"，但是在老师和家长心里，你们还是不懂事的"小鬼"。今天我们就一起来探讨"小鬼当家"的那些事儿。

二、活动一：原音重现

师：上个星期天，张老师到张程程同学的家里去家访。因为张程程的妈妈有事要晚一点才能回家，于是，张程程接待了老师。张程程是如何接待张老师的呢？同学们想不想知道？

生（异口同声）：想。

师：张老师把张程程的接待过程排成了一个小品，让我们来重现当时场景，一起看一看吧。

学生表演小品《老师来我家》。

师：看了刚刚的小品，同学们有什么想说的？

生1：老师，我觉得张程程不是很有礼貌。

师：哦，你为什么会这样认为呢？

生1：张老师去她家家访，她都没有给老师倒水喝，也没有请老师坐下，所以我觉得她没有礼貌，招待得不好。

师：原来你在帮老师打抱不平，嗯，老师觉得你说的有道理。

生2：我担心张程程以后会有危险。

师：何以见得？

生2：张老师，你只是敲了敲门，还没有问你是谁，她就把门打开了，如果是一个陌生人，或者是一个坏人，那张程程不就有危险了。

师：你真有一双会发现问题的眼睛，这确实是一个值得思考的问题。

三、活动二：安全第一

（一）事实陈述

师：老师知道同学们都是"小主人"，你们希望自己能成为爸爸妈妈骄傲的对象，能够胜任"小鬼当家"的任务。但是作为一个大人，老师跟你们的家长有着同样的担忧，害怕你们的安全受到威胁。当家长不在家时，你们该如何做好这个"小主人"，该如何"小鬼当家"呢？

生：张老师，我觉得我们可以一起讨论讨论，如何能够先确保自己的安全，让你们放心。

师：老师同意你的提议，那请同学们以四人为小组，讨论一下如何先保证自己的安全。

学生思考、交流：当自己一个人的时候，该如何首先确保自己的安全？

（二）交流讨论

师：下面请每个小组派一名代表上来阐述本小组的意见。

生1：我代表第一小组发表一下我们组的建议。我们组认为，要时刻提高警惕，不能轻易相信任何陌生人。

师：你们小组的建议很有必要。

生2：我代表第二小组。我们小组认为，当遇到陌生人时，确认对方的身份是十分重要的，不可听信陌生人的一面之词。

师：你们小组的建议很重要，老师很赞同。

生3：我们小组认为，只要小心仔细，就可以分辨陌生人的好坏，自己的安全就可以得到保证。最安全的做法就是直接拒绝，但是要注意拒绝时的礼貌。

师：你们的讨论真有效，老师相信，通过你们的讨论，对于确保自己的安全，你们都有了自己的想法，老师也想送给你们一首儿歌，请听：

来了陌生人

咚咚咚，谁敲门？宝宝门里大声问。

门外有人轻声说，他是叔叔也姓文。

文叔叔，请原谅，现在不能打开门。

如果您的事情急,请把电话告诉我。

妈妈一会儿就下班,那时请您再登门。

师:如果家长不在家,我们作为"小主人",最重要的就是确保家庭环境的安全,所以请同学们对登门的陌生人直接说"不",礼貌地拒绝他们,这样我们就能保证自己的安全。

四、活动三:礼貌待人

师:当父母在家时,我们又该如何当好"小主人"呢?

(生七嘴八舌)

师:老师知道同学们都有自己的想法,不如让我们一起来玩一个游戏,大家来找茬吧。

(播放两个小短片)

师:哪个同学先来说一说?

生1:短片2中的小朋友对客人很没有礼貌,他直接用"喂"来称呼对方,让人听起来很不舒服。

师:你真会发现,不礼貌确实不应该。

生2:短片1中的小朋友也做得不好。

生3:我觉得她做得很好,老师你看她多有礼貌,多热情。

师:我们先来听听前一个同学的意见,看看她有什么发现。

生2:短片1中的小朋友确实很有礼貌,也很热情。但是她太热情了,忽略了客人的感受。客人阿姨已经明确告诉她,自己的肠胃不好,不能吃香蕉,但是她把香蕉递到客人阿姨的手中。阿姨不吃,她还不高兴,害得客人阿姨只好把香蕉吃了下去,我想阿姨回家之后一定会肚子痛的。下一次,她估计不会再来做客了。

师:老师想问问这位同学,你同意她的话吗?

生3:张老师,这样看来,短片1中的小朋友确实有点热情过头了,我想到了您曾经给我们讲过的一个成语——过犹不及——事情做得过头,就跟做得不够一样,都是不合适的。

师：你真会总结，还想到了"过犹不及"这个成语。

师：同学们，你们都有一双火眼金睛，一下子就找到了问题所在。那作为"小主人"，我们到底该如何招待客人呢？

五、活动四：我来装点礼仪树

师：请同学们拿出上课前老师给同学们发的礼仪卡，想一想再写，作为"小主人"，你要怎么招待客人？

（给学生时间完成礼仪卡）

师：写好了吗？请你读给同桌听一听。

（同桌之间读礼仪卡）

师：请同学们将礼仪卡装点到我们的礼仪树上，就像我们的课文里说的那样，做一片美的叶子，为我们的礼仪大树输送营养，让它茁壮成长。

六、活动五：快问快答

师：今天我们讨论了如何当一个合格的"小主人"，如何"小鬼当家"。不知道同学们都掌握得怎么样了，老师想考一考大家，大家一起来玩快问快答。

1．当一个人在家时，有人敲门，该怎么做？

A．假装家里没人，就是不开门。

B．直接打开门。

C．有礼貌地询问是谁，再决定是否开门。

2．妈妈让你招待阿姨，你会怎么做？

A．礼貌招待，让阿姨感觉到舒适。

B．阿姨不能吃香蕉，但是硬让阿姨吃一根。

C．只顾自己在一边看电视，完全不顾及阿姨的感受。

D．探听阿姨的个人隐私问题，阿姨感觉为难，还不停地追问。

3．下面哪种做法是正确的？

A．热情并有礼貌地招待客人。

B．在无法确保安全的前提下，擅自打开家门。

C．不顾客人的意愿，自作主张。

D．在确保安全的前提下，家里没有长辈，自己可以打开门。

E．自己无法判断客人的身份，可以不开门。

4．一个人在家，不能确认门外的人是谁，该怎么做？

A．直接打开门看一下是谁。

B．假装家里没有人，对外面的陌生人不予理睬。

5．陌生人自称是查电表的叔叔，你该怎么做？

A．直接打开门，让他进来。

B．爸爸妈妈不在家，谁来都不开门，请叔叔晚一点再过来。

C．请叔叔出示自己的工作证件，确认身份后再让他进来。

老师点评：

1．"小主人"首先应该确保家庭环境的安全，所以对陌生人，如果不能确定对方的身份，"小主人"应该礼貌拒绝。

2．即使自己无法确认陌生人的身份，要将他拒之门外，也要注意自己的礼貌，不能出言不逊。

3．"小主人"不能盲目自信，一定要仔细观察，认真分析。

4．大方得体，记住过犹不及的道理。

5．招待客人应该有礼有节。

6．在适当的时候，寻求父母的帮助，"小主人"并不是说不需要家长，当自己解决不了问题时，应该向父母求助。

七、内化延伸

师：还记得我们学过的课文《做一片美的叶子》吗？其实我们每个人都是一片叶子。

生1：老师，我知道我就是我们家的一片树叶，我要为我的家庭输送营养，为我的家人增光添彩。

师：你说得真好。

生2：老师，我觉得我们还是班级的树叶，我是三年级（4）班的一片树叶，为三年级（4）班这棵大树输送营养。

师：你真有自己独特的见解，老师觉得你说得真好。其实啊，我们每个人还是这个社会的一片叶子，每个人都要为这个社会输送营养。我们不仅是自己家庭的"小主人",也是我们共同社会的"小主人"。

师：相信同学们已经明白了"小主人"的内涵，"小鬼当家"并不困难，只要同学们树立责任意识，一定会成为合格的"小主人"。

5月：成长

16. 今天我十岁啦！

◎ 江苏省扬州市邗江区实验小学　卜恩年

[班会背景]

三、四年级的孩子大多十岁左右，十岁，意味着人生即将迈入一个全新的阶段，十岁生日是学生成长轨迹中的重要标记，是从儿童向少年转变与觉醒的重要里程碑。

本次班会以同学们的十岁生日为契机，引导学生通过回忆自己成长历程中的点点滴滴，认识到生命的价值、母爱的伟大、师爱的广博、友爱的温馨……教育学生珍爱生命、心怀感恩、懂得回报、知道承担。这次班会不仅是个庆典，更是一次深刻的主题教育活动。通过活动让学生更加深刻地了解生日的意义与价值，让十岁生日永远成为孩子成长道路上一道不可多得的风景。

[班会目的]

1. 让学生了解自己成长的道路凝聚了父母多少心血和汗水，使学生明白父母的养育之恩，体验亲情的无私和伟大，懂得感恩、回报。

2. 让学生体会集体生活的温暖和快乐，真正感受到成长是幸福的。

3. 激发学生对美好未来的憧憬，树立远大的理想。

[班会流程]

一、成长篇

1. 导入谈话

一个小生命的降临，牵动了年轻父母的心，成为整个家庭关注的焦点，这个小生命从此集万般宠爱于一身。在家长细心的呵护下,我们在一天天成长。请学生通过采访父母,了解自己的成长故事,并重点讲述其中一个故事。

2. 猜猜我是谁

大屏幕展示婴幼儿照片,学生与家长一起猜,提高参与度。

3. 我的故事我来说

分享自己搜集的成长照片(10张,图文并茂),讲一讲自己的成长故事。

二、体验篇

体验一:活动之前,用一周的时间体验护蛋的感受,主要体验母亲怀孕之艰辛。各小组汇报自己护蛋的感受,谈自己的收获。

活动组1:一周的护蛋活动结束了,我们组只有一个人成功,其余的同学全部失败。想到妈妈怀胎十月才生下我们,真是伟大。

活动组2:我们小组有多人成功,但是我们感觉到为此付出了很大的代价,真的能够感受到母亲的不容易。

活动组3:一只小小的鸡蛋,让我们有了不一样的体验,护蛋的体验,是我们对妈妈最好的礼赞。

体验二:主题是"爸爸妈妈的一天",分享调查内容、调查收获。

分成小组汇报,主题可以设定为"平凡的一天,一个小故事"。

三、记录篇

1. 我是小小观察员

当一回小小观察员,用自己的眼睛悄悄观察父母在家里所做的事情,并进行记录,制作成表格。

父母活动表

时间	事情

2. 看表格说父母

利用自己的表格观察日常生活,详细分析父母的一天,感受父母养育自己的不容易。

四、感恩篇

每位同学在食堂师傅的指导下,制作点心"握",并双手交叉把"握"执于手心,身体躬成90度,向父母献上心意,感恩十年养育之恩。

给父母说一句最贴心的话。

五、倾诉篇

父母用心给孩子写一封信,孩子认真画一幅全家福并配上心里话,当场交换,互诉心声。学生和父母相互拥抱,感恩父母。

六、许愿篇

1. 写下成长心愿,封存"成长瓶"

每个孩子许下一个成长心愿,放在"成长瓶"里,交给学校封存。三年后,在他们的毕业典礼上,师生共同开启梦想。

2. "十岁宣言"仪式

全体学生和父母一起举行"十岁宣言"仪式。

七、教师小结

十岁,意味着自己告别美好的童年,意味着自己就要长大。长大,就要感恩父母;长大,就意味着自己要有责任。在家庭里要有责任,在班级里要有责任,在社会上也要有责任。责任将伴随着我们成长。

6月：欢乐

17．快乐六一，童心飞扬

◎ 广东省连南县寨岗镇寨南石径小学　甘名文

[班会背景]

为了迎接六一儿童节的到来，丰富学生们的校园生活，活跃孩子们的身心，让孩子们自主充分地活动，让孩子真正成为儿童节的主人，尽情享受六一儿童节的快乐，感受到小学生活的快乐。同时，通过各种活动，让孩子在积极的参与中体验成功、合作与交往的快乐。

[班会目的]

1．让全班每一个孩子在节日中积极参与，大胆表现，充分体验节日的欢乐。

2．培养孩子细心、大胆、从容、镇静的品质。

[班会流程]

班会导入

弹去五月的风尘，迎来六月的时光。当鲜红的太阳跃上地平线时，我们又迎来了新的一天。今天我们要迎来一个快乐而有意义的节日，这就是我们大家的节日——六一国际儿童节。在这里，老师祝小朋友们节日快乐！我宣布"快乐六一"主题班会正式开始。

第一环节：诗歌朗诵《欢乐的"六一"》

甲（主持人）：六一的鲜花绚丽多彩。

乙（主持人）：六一的阳光灿烂夺目。

甲：伴着花朵的芬芳，披着节日的盛装。

乙："六一"，这个属于我们的节日，又来到了我们的身边。

甲、乙（合）：祝大家节日快乐！

甲：看，张张笑脸，荡起节日的欢乐。

乙：听，阵阵乐曲，扬起希望的风帆。

甲：在这美好的节日里，我们满心欢喜。

乙：请听诗歌朗诵《欢乐的"六一"》。

第二环节："六一儿童节"的由来

甲：每当"六一国际儿童节"的时候，孩子们都兴高采烈地欢度着自己的节日。那一张张笑脸、一阵阵歌声，都充满了幸福和快乐。但是你是否知道"六一"的来历？是否知道当年确定6月1日为儿童节的时候，是因为世界上有无数的少年儿童在战争中被夺去了幼小的生命。

乙：那是在第二次世界大战期间，1942年6月，德国法西斯枪杀了捷克利迪策村16岁以上的男性公民140余人和全部婴儿，并把妇女和90名儿童押往集中营。村里的房舍、建筑物均被烧毁，好端端的一个村庄就这样被德国法西斯给毁了。

甲：为了悼念利迪策村和全世界所有在法西斯侵略战争中死难的儿童，反对帝国主义战争贩子虐杀和毒害儿童，保障儿童权利，1949年11月国际民主妇女联合会在莫斯科召开执委会，正式决定每年6月1日为全世界少年儿童的节日，即六一国际儿童节。

乙：新中国成立后，中央人民政府政务院于1949年12月23日做出决定，规定6月1日为新中国的儿童节，同时宣布废除1931年起实行的4月4日为儿童节的规定。

全班讨论：这是同学们的第几个儿童节？在你的印象当中，儿童节这一天有没有特别的东西让你很激动？（分小组交流，每个小组推荐一两名学生上台交流）

第三环节：游戏活动

甲：感谢生命，让我们有跳动的灵魂。

乙：感谢阳光，让我们有温暖的拥抱。

甲、乙（合）：感谢生活，让我们有喜怒哀乐。

甲：为了让每一个同学在精彩的活动中快快乐乐过六一，趣味游戏马上开始！

这一次游戏活动，我们一共准备了三个游戏项目，但是都不能独立参赛，需要和你的小伙伴们合作进行。（学生之间自由组合，老师做适当调整）

1．同心协力

游戏说明：两个同学共同运气球，且不能将气球挤爆，看哪一组用时最短，用时最短者获胜。

2．抢椅子

游戏说明：主持人准备好五把椅子，椅子要围成一圈。每次参赛的人数是六人，参赛者围着椅子跑。主持人以音乐为信号，音乐一停，参赛者去抢椅子坐下。一局比赛后，没抢到椅子的一个人被淘汰出局，椅子也要搬掉一把。每局下来，人数、椅子数递减，坚持到最后的人为优胜者。

3．三人板鞋

游戏说明：由三个同学一起将足套在同一双板鞋上，以在同等的距离内所用的时间多少决定名次。

对学生进行现场采访，三个游戏中给你印象最深的是哪一个游戏？为什么这个游戏会给你这么深的印象？你从游戏中收获到什么？使同学们感受到和小伙伴合作的必要性，从而把游乐变成真正的教育。

第四环节：小合唱《快乐的节日》

甲：今天我们欢聚在这里。

乙：今天我们心情舒畅。

甲：让我们唱动听的歌儿，共同庆祝我们快乐的节日，请听《快乐的节日》。

甲：在六月里，让我们手拉手，肩并肩，向着快乐健康飞翔。

乙：在六月里，让我们心与心筑成的爱心之屋，永远充满着温馨。

甲：拥抱六月吧，朋友们，去实现心中最崇高的理想。

乙：放飞六月吧，伙伴们，去实践人生最辉煌的瞬间。

甲、乙（合）：在今天这样一个开心的日子里，你有什么祝福的话送给小伙伴呢？

（鼓励同学们现场讲述，让每一个同学受到鼓舞和关怀）

班会之前，我们还请家长录了音频和视频，下面我们来看看家长们都是怎么说的。(看屏幕展示视频或者电话录音)

班会总结

　　小朋友们，"儿童节"是我们的节日，是个欢乐愉快的节日，每当"六一"来临，我们就可以一起来分享节日的快乐。相信，今天的活动给大家带来了快乐，祝愿每个小朋友的学习、生活都能像今天一样快乐。

6月：欢乐

18．快乐的暑假

◎ 江苏省扬州市邗江区维扬实验小学　黄怡倩

[班会背景]

　　学生的暑假生活应该丰富多彩，有意义的暑假生活能让孩子们在轻松度假的同时增长自己的才干。如何合理安排自己的暑假生活？很多学生似乎没有打算，盲目的暑假，意味着有可能就是无所事事。只有合理安排，才能让自己的暑假不一样的同时，拥有不一样的精彩。

[班会目的]

　　1．让学生分享自己过去的暑假，说出其中的收获与遗憾。

　　2．引导学生如何面对即将到来的暑假，设计自己的暑假生活。

[班会流程]

一、导入

　　师：一个学期即将结束，暑假即将到来。面对暑假，我想知道大家的心情是怎样的。今天的班会课，我们一起来聊一聊快乐的暑假，共同期待假期中的快乐。

二、分享过去的暑假生活

　　师：快乐的假期，我们可以流连于七月的流萤飞舞、知了喧唱，观赏荷花映日，品尝莲子清凉，我们可以逛公园，去儿童游乐场……假期是我们儿童最快乐的时光。

组织分组交流。学生分小组交流令自己难忘的暑假生活，各小组推举代表汇报。

组织讨论：暑假是不是用来学习的？暑假是不是用来玩耍的？按不同意见分组并举行辩论赛。

三、我的暑假我做主

组织学生分组讨论，自由辩论。

讨论一：如何过一个有意义的暑假？（游学、旅游、特长培训、学科补差等）

讨论二：请给自己制订一个暑假计划。（同组的学生交流并相互补充）

讨论三：如何征求父母的建议，商讨修改自己的暑期计划？假如有不同意见怎么办？

讨论四：暑假的经费如何筹措？有没有更好的方法？

讨论五：制订一个暑期活动攻略。

四、我的暑假重安全

组织同学们讨论暑假安全隐患与解决方法。

问题一：游玩的过程中，有哪些事关安全的因素？我们事先考虑到没有？准备了规避行为呢？

问题二：同学们讨论识别坏人、骗局的小技巧。

五、班会小结

同学们，此次班会活动开展得非常成功。通过班会，同学们知道了在活动之前，必须要做好功课，这些看似无用功，关键时刻就会派上用场，这样的功课做得越好，自己的计划就会越趋向于完美。祝愿同学们都能有一个不一样的暑假。

[班会延伸]

暑假期间，鼓励同学们和家长在班级群中实时上传自己的所见、所闻、所感，群内各负责人及时收集整理图片、资料，制成宣传画册，进行宣传。

四年级

尊师
岗位
阅读
友谊
梦想
安全
传承
家国
班风

四年级

四年级，翻开崭新的一页，书写新的篇章。走出学校，在社区实现自己的价值；懂得交往，明白友谊的小船该驶向何方；四年成长，更加感谢园丁的辛勤培育；锻炼自己，在小小岗位上，和集体共同成长；家国大事，记在心头，落实在行动上；书香人生，从此扬帆起航……这就是四年级的精彩华章。

9月：尊师

1. 老师，我想对您说

◎ 江苏省连云港市赣榆县实验小学　吴静

[班会背景]

现在很多老师感叹，学生难管、难教。管多了不是，不管那更加不是了。当然也有很多学生无法体会老师的良苦用心，说老师管太多。正当老师们面对着这种左右为难的教育困难时，教师节来了！作为老师的我们抓住这一契机，沟通师生之间的关系尤为重要。

[班会目的]

通过本次主题班会活动，激发学生对老师的感恩和热爱之情，让学生进一步认识和了解老师工作的艰辛和崇高，从而激励学生更加热爱和尊敬老师，进而奋发努力，以优异的成绩回报老师。

[班会流程]

一、导入篇

甲（主持人）：是谁，播下万古远方的梦幻？

乙（主持人）：是谁，耕耘遍野燃烧的心愿？

甲、乙（合）：是您，我们敬爱的老师！

甲：您将青春融入滴滴烛泪，记下了人类永远的赞叹。

乙：流淌的汗水和心血啊，在校园里把希望浇灌。

甲：您用青春写出无悔的人生。

乙：您用真情谱写世间最壮丽的诗篇。

甲：您的爱，我们永远也报答不完。

乙：让我们深深地向您鞠一躬，真挚地问候一声——老师您好！

甲："老师，我想对您说"主题班会——

甲、乙（合）：现在开始。

二、竞赛篇

甲：我们这里为大家准备了一些有关教师节的知识竞猜题。

乙：同学们以小组为单位进行比赛，每题10分，积分最高的小组胜出。

1. 教师节是哪一年成立的？（必答题）

2. 每年的几月几日是教师节？（必答题）

3. 你们知道哪些伟大的人物？他们的老师是谁？（累积计分题，每说出一对加10分）

4. 人们常把教师比作什么？（抢答题）

活动方案：把全班分成八个小组，把有关教师节的知识设计成各种各样的题目，让每个小组成员通过必答、抢答等方式竞赛得分，分高者即为优胜者。此活动可以让学生更全面、更具体地了解"教师节"这个不一样的节日。

三、赞美篇

甲：进行完激烈、紧张的比赛后，相信大家对教师都有了新的认识。

乙：你们知道吗？

甲：尊师重教是我们中华民族的优良传统。

乙：历来很多知名人士也都非常尊敬他们的老师。

甲：在古代没有教师节，但是很多尊师故事却广为流传。

乙：让我们来举行一次讲故事比赛，听一听各小组搜集的尊师故事。（《程门立雪》《华罗庚尊师故事》《朱德给老师让座》《毛泽东向教师敬酒》）

甲：各组讲的尊师故事都很精彩！

乙：其实古今中外还有许多名人尊师的故事流传下来，成为佳话。

甲：接下来让我们在一首好听的儿歌——《老师的目光》中，回忆自己与老师相处的时光吧！

四、讨论篇

甲：听完这首儿歌，大家是不是有太多的话想和老师说？

乙：我们想和哪位老师说？准备和老师说些什么呢？该怎么说呢？

甲：请同学们在小组内讨论。（小组讨论，全班分享，同学们有感而发，向最喜欢的老师致敬，升华对老师的情感）

甲：我们有很多的话想和老师说，可有时却不知道该怎么说。

乙：我们有很多的话想和老师说，可却总是惹老师生气。

甲：同学们，你们有惹老师生气的时候吗？

生1：我犯错误受到老师的批评，总是不服气，有时还会顶撞老师。其实我错了，老师批评我，教育我，都在教我做人的道理。以后我一定虚心接受老师的批评教育，并积极改正错误。

生2：我有时上课不认真听讲，开小差，有时还会乱讲话，影响课堂纪律，这是对老师劳动不尊重的表现。我们应该尊敬老师，上课专心听讲，独立思考，积极举手发言，认真完成作业，这是老师最大的欣慰。

生3：我有时在校园里碰到老师觉得有些不好意思，就低着头从她身边走过，没有和她打招呼，这是对老师不礼貌的表现。以后我在校园里一定主动向老师问好，不管她是不是我们班的任课老师，都要有礼貌。

五、表达篇

甲：是啊，我们总是无法体会老师对我们的爱。

乙：我们总是不知道该如何和老师说。

甲：今天让我们敞开心扉对我们敬爱的老师说出我们的心里话吧！

活动方案：想想你最想对哪位老师说些什么，将最想对老师说的话写在心声卡上。在音乐声中将心声卡贴在黑板上。上台贴的时候在音乐声中将自己的心声大声地读出来。

六、行动篇

甲：老师像蜡烛一样，燃尽了自己，照亮了别人。

乙：我们要尊敬老师，尊重老师的辛勤劳动。

甲：那么，我们该怎样尊敬老师呢？（采访同学们）

生1：要尊重老师的人格。教师是文明的使者，历来受到全社会的尊重，我们做学生的更要尊重老师，当你遇到老师时，请真诚地叫声"老师，您早！"或"老师，您好！"

生2：要尊重老师的劳动。在做人、学习、活动、生活等各方面，老师都会对我们提出要求，老师的目的就是让我们成为有用的人。我们要理解老师的良苦用心，听从老师的教导，尊重老师的劳动，认真完成老师布置的作业和其他任务，争做优秀的学生、文明的学生。

乙：大家都说得对，让我们对老师说出我们的心声，让我们用实际行动来表达我们的祝福和感谢！

甲：请全体同学演唱《长大后我就成了你》。

乙：(在歌曲《长大后我就成了你》中) 同学们，"老师，我想对您说"主题班会到此结束。

七、班会总结

在教师节来临之际，为了让同学们更好地理解老师的辛苦，建立和谐的师生关系，特开展了题为"老师，我想对您说"主题班会，同学们说出了心里话，老师也是十分感动。和谐的师生关系，可以让我们班级走得更远。

9月：尊师

2. 师恩难忘

◎ 江苏省连云港市赣榆县实验小学　吴静

[班会背景]

师恩，是一个说不完道不尽的话题。每年教师节来临之际，类似的主题班会都会开展，学生也司空见惯，但是如何在这样的班会中准确地展现老师形象，切实拉近师生心灵距离，才是这堂班会课的重点。

[班会目的]

1. 通过本次班会激发学生对老师的感激之情，拉近师生心灵距离。

2. 培养学生尊师重教的道德品质，把对老师的爱化为前进的动力。

[班会过程]

暖场篇

甲（主持人）：转眼间一年又已过去，我们收获难忘的回忆！

乙（主持人）：转眼间教师节又将来临，我们感谢老师您的栽培之恩！

甲：您将青春融入滴滴烛泪，记下了人类永远的赞叹。

乙：您用真情谱写世间最壮丽的诗篇。

甲：您的爱，我们永远也报答不完。

乙：让我们深深地向您鞠一躬，真挚地问候一声——

甲、乙（合）：老师您好！

乙："师恩难忘"主题班会现在开始。

一、给老师献花

甲：同学们，以往都是我们坐着，老师站着，他们把40分钟站成了十几年甚至几十年，成为一道亮丽的风景。

乙：他们在相同的地方送走了一批批人才，放飞了一群群白鸽，留下的总是自己。

甲：今天我们让老师歇一歇，让老师享受一下桃李芬芳的幸福。

乙：请让我们为我们尊敬的老师献花。（各组派代表为老师献花）

（在《长大后我就成了你》的音乐声中为老师献花）

二、为老师献歌

甲：同学们，在老师谆谆教诲和浓浓关爱中，我们已经步入小学高年级。

乙：我们虽然还不够懂事，却深知老师的博爱和伟大。

甲、乙（合）：我们的每一点知识，我们的每一个进步，都渗透着老师的汗水和心血。

甲：大家想不想借此机会来表达自己对老师的敬爱之情呢？

乙：下面就请同学们给老师献上一支歌——《每当我走过老师窗前》。

（学生为老师献歌）

甲：老师啊老师，多少个日日夜夜，多少个严寒酷暑，

乙：您默默无闻地奉献着自己的一切。

甲：老师啊老师，您的家在何方？

乙：您的家在学校！（播放视频：歌曲中教师加班的情景）

三、采访同学

甲：有人说老师是梯，伟岸的身躯托着我们稚嫩的双脚，一步一步攀高。

乙：有人说老师是烛，以不灭的信念为我们照亮前进的道路。

甲：你了解自己的老师吗？让我们走近老师，给老师画张靓像吧！

乙：同学们，教师节是我们感恩老师的日子，可是大家对教师节又了解多少呢？

甲：我们就来考考大家吧。

1. 教师节是哪一天？（每年的9月10日）

2. 从哪一年开始确定了教师节？2019年9月10日是第几个教师节？（1985年；

第35个)

3. 请用恰当的词语来形容老师。(园丁、春蚕、舵手、明灯、蜡烛……)

4. 中国第一位教师是谁?(孔子)

5. 请用英文说一下"教师节快乐"。(Happy teachers' day)

6. 你知道哪些歌颂老师的影片?(《美丽的大脚》《一个都不能少》)

四、齐唱《感恩的心》

甲:老师,我们知道,您不需要鲜花和掌声,您不看重享受和金钱……

乙:您要的是我们的勤奋和求知,您要的是我们的进步和成长。

甲、乙(合):老师,您听吧,我们现在就回答您。(全班起立,齐唱《感恩的心》)

五、制心愿卡

甲:是您用一根教鞭为我们导航,引领我们找到来时的路。

乙:同学们,我们现在该做什么呢?大家也许猜到了,请送上我们的心愿卡,给老师一份真诚的祝福吧!

(播放音乐《每当我走过老师的窗前》,学生在音乐声中制作卡片,并送给老师)

甲:老师就是这样默默无闻,听听同学们想对老师说什么吧。

乙:老师,您为我们付出了那么多。

甲:今天我要说:"老师,您辛苦了!"

甲、乙(合):让我们代表所有的学子们,真诚地对老师说——"老师,您辛苦了!谢谢您!"

六、班会结束

播放音乐《感恩的心》,全班同学轻声合唱。

10月：岗位

3. 我是学习的小主人

◎ 江苏省仪征市实验小学　吴红梅

[班会背景]

如果学习是一辆汽车，学习动机是发动机，学习习惯和学习方法就是车轮，若车轮形状不规则的话，这辆车是没办法正常行驶的。在平常的学习中，很多孩子虽然学习动机高涨，但由于学习习惯不好或学习方法不恰当，导致他们即使勤奋用功也难以取得理想的成绩，并由此产生"付出与回报不匹配"的受挫心理。如何引导学生养成良好的学习习惯，学会科学的学习方法，就成为我们必须完成的任务。

[班会目的]

1. 引导学生充分认识学习习惯的重要性，帮助其发现自身的不良习惯并培养优良的学习习惯。

2. 通过交流，引导学生概括更科学高效的学习方法，制订每日和每月的检测表。

[班会流程]

一、导入

1. 资料展示

播放幻灯片《同一片蓝天下》，有关贫困地区的孩子在艰苦条件下学习，在逆境中成长的刻苦学习的图片。

2．提问

(1) 看完幻灯片，你有什么感想？

(2) 我们身边的同学又是如何对待学习呢？（视频：采访学习有苦恼的学生及平时有不好的学习习惯的学生）

3．老师引导

学习，是一个长期的过程，许多人在"学"不进去、学习成绩一落千丈时，往往责怪自己笨。其实，只有不学的孩子，没有笨的孩子；只有不会学的孩子，没有学不会的孩子。对我们来说，最重要的不是一时的学习成绩，而是是否养成了良好的学习习惯，掌握了适合自己的有效的学习方法。

（展示班会主题：做学习的主人）

二、习惯决定成败——小柱子的力量

1．提问

一根小小的柱子，一截细细的链子，拴得住一头重达千斤的大象，你相信吗？

2．故事分享

在印度和泰国，驯象人在大象还小的时候，就用一条铁链将它绑在水泥柱或钢柱上，无论小象怎么挣扎都无法挣脱。小象渐渐地习惯了不挣扎，直到长成了大象，可以轻而易举地挣脱链子时，也不挣扎。

3．小组探讨

小象是被链子绑住的，而大象是被什么"绑住"的呢？（学生在互相讨论，老师趁机认真观察学生的讨论状况，发现一些不良的习惯）

4．教师引导

习惯的力量原来如此大，它有时真的可以决定命运！好习惯是一个人的财富，你有了好习惯，便有了一辈子都用不完的利息；反之，你则有了一辈子都偿还不了的债务。所以说,我们要想"做学习的主人",就必须先从养成"良好的学习习惯"开始。

那么，哪些是良好的学习习惯呢？（课件出示：小学生的认知特点,这是养成良好学习习惯、掌握正确学习方法的基础）

在小学阶段，同学们的注意力、记忆力和思维能力正处在一个可塑性很强的阶段,谁在这个阶段养成了良好的学习习惯,掌握了科学的学习方法,谁的智力就会得到更充分的开发,谁就为未来奠定了更好的基础。

三、啄木鸟在行动——揪出我的坏习惯

1. 情景剧表演

学生表演小明写作业——一会儿喝水,一会儿吃苹果,一会儿打电话,一会儿找本漫画书看看,结果半个小时过去了,作业本还是一片空白。

师:你从小明身上看到自己的影子了吗?像这些坏习惯就是藏在我们身体内的大蛀虫,偷走了我们的时间,那就让我们来做啄木鸟,把这些可恶的"蛀虫"——坏习惯给揪出来,大胆说说你我的坏习惯。

2. 学生剖析自己的坏习惯

生1:我有个坏习惯,晚上回家后从来不复习,作业稀里糊涂地做完,正确率不高。

生2:我上课经常做小动作,手总是闲不住,喜欢玩个东西,不知不觉就走神了,老师讲的基本上没听到。

生3:我上课时老管不住自己的嘴,喜欢乱讲话,尤其是自习课,经常找人聊天,现在想来真是损人不利己呀!

…………

师:大家在反思中揪出了自己的坏习惯,但这只是第一步,如何纠正更为重要。

3. 不良习惯纠正卡

据科学家研究,一个行为连续重复21次即可成为习惯。

发"告别坏习惯,持之以恒"提示卡,学生根据自己的实际情况纠正最应改的十个坏习惯,写下来,贴在自己书桌上,改掉一个就画去一个。小组内互相监督。一个月后,举行一个展示大家去掉了哪些坏习惯的活动。

师:在养成好习惯的过程中,肯定会有许多困难,让我们从名人身上汲取力量,坚持下去吧!请四位"故事大王"为我们讲名人故事。

故事一:苏联教育家苏霍姆林斯基有一个习惯,那就是在清晨尽早开始一天的工作。他每天五点半起床,做早操,喝杯牛奶吃块面包,然后就开始工作。

当他习惯了六点钟开始工作以后,又努力再提早十五到二十分钟,几十年如一日,从不间断。他三十几本教育方面的书和三百多篇学术论文都是在早上五点到八点写成的。好习惯成就了一位举世闻名的心理学家和教育学家。

　　故事二:马克·吐温坚持每天清晨默读墙上的好词、佳句,为他能写出脍炙人口的作品打下了坚实的基础。

　　故事三:王羲之从小喜爱写字。据说平时走路的时候,他也随时用手指比画着练字,日子一久,连衣服都划破了。经过勤学苦练,王羲之的书法越来越有名。

　　故事四:《昆虫记》的作者法布尔从小就善于观察大自然,为他的科研工作积累了大量的第一手资料……

四、他山之石,可以攻玉——掌握好方法

　　联合国教科文组织指出,21世纪的文盲不是不识字的人,而是不会学习的人。伐木工人用斧头一上午只能砍一棵大树,但用电锯十分钟就完事了。我们一旦掌握好学习方法,今后无论是升学还是就业,由于解决了"会学"的问题,就能够积极主动地去摄取知识和更新知识,为提高自己的综合素质打下坚实基础。

　　1. 问题探讨

　　下面就让我们从最基础的"学习三部曲"开始,说一说你认为好的学习方法有哪些。

　　课前,我们应该怎样做?课堂上,我们应该怎样做? 课后,我们又该怎样做?

　　(四人小组合作讨论)一、二、三组思考第一个问题,四、五、六组思考第二个问题,七、八、九组思考第三个问题。同时,将你们理想中的好方法由小组长有条理地整理到备用纸上。

　　2. 成果展示:各小组组长将整理好的学习方法展示给大家,其他组同学认真听和分析,如果想到更好的可以帮他们补充。(展示后将整理的内容粘贴到黑板上)

　　师:现在我们不妨把各组分享的好方法简单梳理一下:

　　(1) 上课认真听讲,不乱说乱动;积极思考,勇于提问;回答问题要声音响亮。

　　(2) 上课坐姿要端正,读写姿势要正确,管好手不乱动,眼睛专注。

(3) 作业要字体端正、规范，书写格式正确，纸面整洁。

(4) 善于整理错题，每课都有详细的整理。

(5) 有课后阅读并记笔记的习惯。

……

只要我们做有心人，好的学习方法还有很多很多，（点课件）比如：各学科全面发展，不偏科的习惯；合理安排时间，及时完成规定的学习任务的习惯；做好阶段复习的习惯；等等。只要我们敢于正视问题，敢于战胜自我，就能取得更大的进步。让我们大声齐读《好习惯》！

> 小学生，爱学习，养好习惯终受益；
> 起得早，好读书，精神抖擞上学校；
> 课堂上，专心听，夯实基础大厦起；
> 勤于思，善动脑，积极发言才聪明；
> 多复习，做习题，练就本领比高低；
> 课堂外，多阅读，课外知识更丰富；
> 好习惯，早养成，成为学习的主人。

教师引导：管得住自己，你是习惯的主人；管不住自己，你就是习惯的奴隶。做主人还是做奴隶全在于自己的选择。爱比克泰德曾说过："是否真有幸福并非取决于天性，而是取决于人的习惯。"为了幸福，我们必须改掉身上的坏习惯，做学习的主人。最后让我们一起高呼，为自己打气。（展示课件）请跟我读：我比我的习惯更强大，因此我能改掉坏习惯。我能改，我能行，我最棒！我是学习的主人！

五、班会小结

师：看到大家充满激情的宣誓，我很高兴。是的，良好的学习习惯不仅决定我们的学习成绩，而且决定将来的一生命运。它有利于形成学习策略，提高学习效率；有利于培养学生的自主学习能力；有利于培养学生的创新精神和创造能力。

[班会延伸]

1. 请每位同学交流自己搜集的名言。

2. 结合自己的学习感受，总结一些学习规律，并制订下一阶段的学习目标及计划。

10月：岗位

4．小岗位　大收获

◎ 江苏省仪征市实验小学　田英

[班会背景]

中午在食堂就餐后，我发现有些同学将剩饭剩菜倒在了菜盆外面的桌子上，于是就请正在旁边的同学清理掉。可在场的同学说："这是小东负责的！"说完就自己去玩耍了。

班级任务分配到人，班级里人人有岗，岗岗有人，这样的岗位实践一直是学校常规管理的一个抓手。但是经过一段时间的观察，我发现同学们对岗位的热情，对岗位工作的态度，以及岗位工作完成的质量都比开始有了明显的退步。为了更好地激发他们对岗位的热爱，促使他们履行自己的岗位职责，享受岗位工作中的快乐，真正成为班级小主人，我们就以"小岗位　大收获"为主题召开班会。

[班会目的]

1．明确自己的岗位职责，参与岗位服务，让自己真正成为班级的主人。

2．通过故事讲述、情境体验等明白岗位服务过程中的酸甜苦辣。

3．坚持岗位服务，体验并分享为他人、为集体服务的快乐，帮助学生树立责任意识。

[班会流程]

导入

播放音乐《让爱住我家》，同时播放校园、教室照片。

师：听着音乐，看着照片，你有什么感受？

生：……

师：你们知道我们的校园、教室为什么这么整洁吗？

生：……

师：是的，因为我们学校人人有岗，岗岗有人，校园才会如此清洁美丽。可是，你们看。（展示岗位存在问题的照片）今天，我们就来聊聊"岗位"这个话题。

一、我的"岗位"在哪里？

师：四年级（7）班是我们共同的家。我们每个人都有自己的岗位，你的岗位在哪里？请迅速站到你的岗位旁。

（学生开始活动，站在自己的岗位前）

师（有针对性地找几个学生）：你的岗位职责是什么？

生1：每星期二擦黑板。

生2：整理图书角的图书。

生3：出黑板报。

生4：整理卫生角的劳动工具。

生5：倒垃圾。

生6：周五开门、锁门。

生7：收语文作业，然后送到语文老师办公室，下午再拿回来发给同学们。

生8：统计小组内成员一周来数学作业完成情况。

生9：周三打扫餐桌。

…………

师（边听同学们回答，边微笑着点头肯定他们记住了自己的岗位）：非常棒，我们四年级（7）班的孩子都已经牢牢记住了自己的岗位，现在请回到自己的座位上。

二、岗位上的烦心事

师：班级就是我们的家，班级里有许许多多的岗位，一个岗位就是一份责任。可别小看这一个个岗位，要想做好，可不容易了。同学们，在你们履行岗位职责的过程中，有没有烦心事？

生1：记得有一个星期五，轮到我开门。我早早地就起床了，可是路上，妈妈的电瓶车车胎爆了，我一路小跑到学校，跑到教室门口，气都喘不上来了，可还是有几个同学责怪我来迟了。

师：真让人伤心！这是岗位中的辛酸。

生2：我负责周五倒垃圾。每到周末，同学们把一周来的垃圾都扔进纸篓，最可恶的是，总有人把垃圾扔在纸篓外边，我要先把垃圾捡起来，再倒进垃圾坑。攒的垃圾太多，我要来回跑四五趟。

生3：我来说，有几个同学看完书总是把图书往图书角一扔就跑，我一天要整理好几次，有时连上厕所的时间都没有。

生4：挨着墙壁坐的同学有时把墨水、墨汁洒到墙壁上，还有同学竟然将口香糖粘在墙壁上，很难清理干净。

师：真不容易！这是岗位中的苦辣。

生5：我是值日班长，在我管理早读课的时候，总有几个调皮的同学不听我的，他们不读书，在那儿玩，有时还会和我吵架。

生6：上体育课时，我们能排队去操场，但是回来的时候，总有几个人不跟着队伍走，我一个人管不了那么多。

师：看来，岗位工作也不是那么容易完成的。

三、小岗位，大作用

师：岗位工作中有道不尽的酸甜苦辣，有时可能还会饱受委屈。那我们干脆取消这些岗位吧！

生（异口同声）：不行。

师：不行？这是为什么呀？

生1：没有人倒垃圾，教室里不成垃圾坑了吗？

生2：没有人收作业本，老师，您怎么改作业？

生3：没有人领着我们上早读课，没有人来管早读纪律。老师，我真的无法想象早读课的样子。

生4：那不就是读书的读书，玩乐的玩乐，聊天的聊天，打架的打架，一片乱糟糟。

生5：黑板没人擦，老师不能板书了。等再擦好黑板，会浪费我们宝贵的上课时间。

生6：门没有人锁，我们的学习用具不安全。

生7：在食堂就餐时，如果每个人都自己去打汤，会浪费时间，还很不安全。吃完饭，没有人收拾餐具、打扫餐桌，太难看了。

生8：出去上体育课，到专用教室上课时，如果没有人关灯，一个班平均一天一节课，全校这么多班级，要浪费多少电呀。

师：看来，任何一个岗位都有存在的必要。做好自己岗位上的事，既方便了别人，更方便了自己。可是……（展示拍摄到的岗位问题照片）

（学生观看，看着看着，有同学低下了头）

生1：下课的时候，我就想出去玩，总是忘记发作业本。看着照片上同学们挤在讲台前抢自己的本子，又乱又危险。以后，我会按时去老师那儿拿作业本，及时把作业本发出去。老师，请你相信我。

生2：看到我们班餐桌上的剩饭剩菜，还有乱七八糟的盘子。再看看旁边的餐桌，整理得干干净净，我觉得很不好意思。

生3：看到地面上的纸，还有墙壁上的斑痕，这样的教室看了让人不舒服。在我值日的时候，我一定把我负责的地方打扫得干干净净。

生4：看到这些照片，我很难过。如果我们再不认真负责做好自己的事，班级就不成班级了。

生5：老师，以后如果再有同学忘记自己的岗位，我们应该互相提醒。如果他生病了，我们应该主动帮助他完成。

师：同学们，听了你们的发言，我很感动。反思自己的不足，提出以后努力的方向，证明你们都长大了，成了一个个勇于担当的人。虽然我们的岗位小，但责任重大。每个人都要认真做好自己岗位上的事，承担起属于自己的这份责任。今天我给大家分享一个小故事：

有一个小男孩在模拟战争的游戏中担任士兵的角色，任务就是在一个弹药库旁站岗，没有长官的命令不准离开。但是天色渐晚，其他孩子都跑回去吃饭了，他们忘了这个孩子还在站岗。这个小男孩就一直坚守着自己的岗位，他的爸爸来找他，他也不肯回家，他说未接到长官的命令，不能离开。男孩的爸爸只好请游戏中的长官来给儿子下离开的命令。（视频展示）

小男孩执着地认为即使是游戏，也要遵守诺言，谨守责任。相信这个小男孩的故事，一定深深地打动了所有人的心。我更希望大家也和这个小男孩一样，坚守自己的"小岗位"，做好岗位上的事，成就班级集体发展的"大成就"。

四、一分责任，一分收获

师：在我们班级，也有许许多多像小男孩一样坚守自己的岗位、认真负责的同学。

（展示拍摄的同学在岗位认真负责的照片）

师：我建议先把掌声送给这几个岗位上的同学。他们在辛勤付出的同时，也收获了快乐。下面，我们请他们中的代表来谈谈。

生1：我是语文组组长，语文作业项目是最多的，每天要收的作业本也很多，做语文组组长很辛苦。早上要把作业本收齐，等老师把作业批改好后，还要赶紧把错误的本子发下去给大家订正，经常等我忙好了，上课铃就响了，有时候甚至连上厕所的时间都没有。但是，看到我整理得整整齐齐的作业本，我就感到很开心，很满足，因为这是我尽心尽力做的。这几个月的小组长工作还培养了我做事果断、拖拉的好习惯。妈妈都说我做事比以前有效率了。

生2：这个学期，我当的是英语课代表。虽然很累，但是我真的收获不少。老师让我当课代表是对我的信任，想要做好英语课代表，就要在很多事别人没有想到的时候自己先想到，比如提醒组长上课前发作业本，每周一次的早读课读什么、怎么读……这个岗位也让我明白了，无论在什么岗位，都要做到最努力。因为如果连自己的事情都做不好，怎能要求别人去做好呢？

生3：我是班长，班长这个岗位能管人，很多人都很羡慕我，其实我也很累，特别是当有些同学不听话时。后来，老师和爸爸妈妈与我交谈，教我做事。现在的我渐渐地懂得了，要管理好班级，有三点很重要。第一点就是要讲诚信，一言既出，驷马难追。说到的就要做到，处处做同学的表率。第二点就是要让大家信服、信任你。第三点就是凡事做之前就要在脑子里过一遍,要想好了再做。我发现,班长这个岗位不仅没有影响我的学习,还让我的学习进步了很多。

生4：这个学期,我的岗位是文娱委员。以前,我认为文娱委员这个岗位是最轻松好玩的,其实很难。平时要多听音乐、多唱歌、多接触乐谱、多演奏乐器,不断积累实践经验。有演出任务的时候,自己要第一个上。通过这段时间的锻炼,我的胆子大了,人也开朗了,跟同学们的交流也多了。以后我还会尝试以前没有竞争过的岗位,让自己得到更充分的锻炼。

生5：老师安排我在班里和某某同学"结对子",如果他有不会的,我就教教他。某某老是忘记写作业,写好的作业错误也很多。为了做好这个岗位,我常常牺牲玩的时间。上次考试,他及格了。想到这也有我的功劳,我心里美滋滋的,特别充实。加油!

生6：老师常说学校是我们的第二个家,我们应该爱护它! 所以在卫生委员这个岗位上,我在尽力使我们的第二个家园保持整洁! 我觉得我认真负责地做好我分内的事,就是在为大家创造一个美丽、干净、舒服的校园环境。我很自豪,我是学校的环保卫士。

师：谢谢以上同学的分享,正是因为有你们在自己的"小岗位"努力付出,我们的班级才越来越好,才会取得更多的"大成就"!

五、小结

师：同学们,小岗位,大责任；小岗位,大贡献；小岗位,大收获。要把我们自己的"小岗位"工作做好,我们还需要付出更多的努力,归根到底所有同学要有一颗责任心。我们责任意识增强了,再加上自己的细心、认真和坚持,一定能把自己的岗位做得更好,班级"大成就"自然就会到来。老师相信你们!

[班会延伸]

1. 请每位同学再次明确自己的岗位,小组长统计。

2. 每天三问：自己的岗位工作完成了吗? 完成得怎么样? 还可以做得更好吗?

11月：阅读

5. 书香浸润童年　好书伴我成长

◎ 江苏省扬州市邗江区维扬实验小学　黄宁

[班会背景]

近年来，扬州市教育局在各学校大力推进课外阅读工程，通过阅读提升学生综合素质，为学生终身可持续发展奠定基础。我校历来重视学生的阅读，各年级学生阅读量均超过课标要求。为了让学生进一步明白读书尤其是读好书的意义，学校特在四年级开设"好书推荐"班会课，鼓励同学们聊聊阅读感受，交流读书方法，分享阅读快乐，力图让读书真正成为学生的一种生活和学习习惯。

[班会目的]

1. 能判断什么是好书，明白读好书的意义，激发学生读好书的热情。

2. 聊聊阅读感受，交流读书方法，使学生养成好读书、读好书的习惯。

3. 开阔学生的视野，提升学生的文化底蕴，为学生的生命健康、快乐成长打上亮丽的底色。

[班会流程]

主持人甲、乙（合）：敬爱的老师，亲爱的同学们，四年级（4）班"书香浸润童年　好书伴我成长"主题班会正式开始。

环节一：明确读书的意义

甲：书，似一缕阳光，照亮我们的童年。

乙：书，似一泓甘泉，滋润我们的心田。

甲：书，像一盏明灯，指引我们前进的方向。

乙：书，像一把钥匙，帮我们开启成功的大门。

甲、乙（合）：请欣赏小合唱《读书好》。

（合唱队演唱歌曲《读书好》）

甲：是啊，读书好，读书不问迟和早，知识无价，学问是宝。古今中外，每一个成功的人都有一个共同的特点——爱读书，因为开卷有益。同学们，你们知道哪些读书名言呢？

（同学们汇报搜集到的关于读书的名言）

学生1：杜甫的诗中有"读书破万卷，下笔如有神"。

学生2：爱迪生曾说过，读书对于智慧，也像体操对于身体一样。

学生3：莎士比亚认为，"书籍是全世界的营养品，生活里没有书籍，就好像大地没有阳光；智慧里没有书籍，就好像鸟儿没有翅膀"。

学生4："任何时候我也不会满足，越是多读书，就越是深刻地感到不满足，越感到自己知识贫乏。"这是马克思对读书的感悟。

学生5：刘向认为"书犹药也，善读之可以医愚"。

乙：看来同学们知道的读书名言还真不少，下面让我们一起读一读这些读书名言吧！

（大屏幕展示以上名言，学生诵读）

环节二：判断什么是好书

甲：歌德说"读一本好书，就像和一个品德高尚的人谈话"，亲爱的冰心奶奶也曾在《忆读书》中提出"多读书，读好书"。那么，什么样的书才是好书呢？请大家谈谈自己的看法。

（学生自由发言）

乙：什么是好书呢？我们的学者、老师、家长又是怎么看的呢？请看大屏幕。

视频1：在我看来，书籍就像一扇门，打开可以拥有丰富的精神世界，但门不是精神世界这个本体。看完之后，能够让我有所思，有所长进的，都可称为好书。

视频2：如果一本书能让你产生一种迫切的愿望，想要探索世界的奥秘，想要让世界变得更加美好，一心一意学习和积累知识，掌握开启理想之门的钥匙，那肯定是一本好书。

视频3：读了能让自己产生愉悦感的书都是好书。

视频4：阅读很重要，但未必"开卷有益"。有些书，可能在印刷或者内容上存在一些问题，就像不健康的食品一样，会损害孩子的健康；有些书，虽然是好书，但在难度、主题等方面不一定符合学生的需要，所以读书要有选择。

甲：原来，并不是所有的书都适合我们小学生读啊！同学们，让我们行动起来多读书，读好书吧。请欣赏诗朗诵《读书》。

（诗朗诵《读书》）

环节三：推荐心目中的好书

乙：世界上的好书这么多，有哪些书适合我们四年级学生阅读呢？你们瞧，我们班的小书虫们已经迫不及待啦！有请他们来推荐他们心目中的好书吧。

学生1：最近我读了《我是一只狐狸狗》这本书，作者是林良爷爷，里面讲了一只叫斯诺的白狐狸狗和他家人的故事。斯诺在爸爸妈妈，还有三个小姐妹的照顾下慢慢长大，斯诺给爸爸妈妈和三个小姐妹带来了很多快乐。我喜欢斯诺的故事，因为我也喜欢小狗，尤其是像斯诺这么漂亮、听话的小狗。这个故事令我感动，人和小狗之间原来可以有这么深厚的感情。他们对斯诺像对家人一样关心爱护，他们相亲相爱。我喜欢斯诺的可爱，也喜欢斯诺可爱的一家人。

学生2：我向大家推荐的是《希利尔讲世界史》这本书。这本书从万物起源说到今天的世界。书中介绍了世界各国的起源、文化、信仰等，内容很丰富。给我印象比较深的是《特洛伊战争》。我很喜欢这本书，这本书特别好懂而且信息量很大，作者以小孩的口吻叙述，相对比较简单，推荐大家阅读。希利尔还写了《希利尔讲艺术史》《希利尔讲世界地理》，我们都可以找来读一读，长长见识。

学生3：我向大家推荐的是《神奇的科学魔方》这本书。这本书的副标题是"令你惊奇的128个小实验"，让千百万美国孩子爱不释手。书中的小实验有的像小魔术，有的简直就是一场小恶作剧，个个妙趣横生，非常具有挑战性，特别能培养我们的创造力,所以我向大家推荐这本书。

学生4:我向大家推荐《青鸟》。《青鸟》是一部童话,是莫里斯·梅特林克的作品,讲述了两个伐木工人的孩子作为人类的代表寻找青鸟的过程。在书中,青鸟就是幸福的象征。他们通过一路上寻找幸福的经历,明白了其实幸福并不那么难找,幸福就在自己身边。"大多数人从生到死,始终没有享受过就在他们身边的幸福",是由于他们对幸福始终有一种错觉,即认为物质享受才是幸福,而本书却让我明白了,幸福是一颗无私的心所带给人的精神享受。人只有为别人的幸福着想,自己才会幸福。对了,《青鸟》原来是一部六幕的梦幻剧,今天,我和我的伙伴们就来给同学们表演其中的一幕《怀念国的故事》。

(童话剧表演《青鸟——怀念国的故事》)

甲:小书虫们,听了你们的介绍,我们大伙儿恨不得现在就把这些书找来好好看一看呢!一定还有其他同学也有好书要向我们推荐吧,现在就请你们在小组内讲一讲。

(小组内交流,推荐好书)

乙:我们还有很多同学做了读书卡片呢,下面我们就一起来欣赏。

(读书卡片实物展示,同学欣赏)

甲:古今中外,好书实在太多了,请欣赏两位同学给我们带来的三句半《读好书》。

(表演三句半《读好书》)

环节四:掌握读书方法

乙:刚才的三句半说得真好,仔细听,还教给我们不少读书方法呢!不知道大家听出来没有?

(同学交流)

甲:我们的语文老师也给我们的阅读提出了建议,大家一起来读一读吧。(展示幻灯片,学生朗读)

1.每天至少坚持读半小时书。

2.读书有选择,尽量读一些适合自己这个年龄段的积极向上的书。

3.读书的内容要杂一些,这样所获得的知识会更丰富、更全面。

4.尽量做一些读书笔记或批注,及时记录自己的读书感受。

5.有些书只读一遍是不够的,要反复读,反复咀嚼、品味。

6.可以亲子共读,师生共读,相互探讨交流。

环节五：活动总结

乙：成长路上，有好书相伴，我们是多么幸福，多么快乐！

甲：成长路上，有好书相伴，我们前行的脚步是那样稳健！

甲、乙（合）：让书香浸润我们的童年，让好书陪伴我们成长！下面请欣赏集体诗朗诵《和好书交朋友》。

（全班集体朗诵《和好书交朋友》）

甲：让我们带着一份热情。

乙：让我们带着一份憧憬。

甲：在书海遨游。

乙：与好书做伴。

甲、乙（合）：让读书陶冶我们的情操，让读书净化我们的心灵，在书香中健康成长。四年级（4）班"书香浸润童年　好书伴我成长"主题班会到此结束！

班会总结

本节班会课共设计了五个环节：明确读书的意义、判断什么是好书、推荐心目中的好书、掌握读书方法、活动总结。五个环节层层递进，意在提高同学们对"多读书、会读书、读好书"的认识，增强学生对读好书的兴趣，营造良好的阅读氛围。班会活动面向全体学生，活动形式活泼生动，充分调动了学生的主动性、创造性，强化了团结协作的意识，激发了学生读书的热情。

11月：阅读

6. 晒晒我的小书柜

◎ 江苏省仪征市新城小学　刘璐

[班会背景]

高尔基曾经说过"书籍是人类进步的阶梯"，他还说自己身上所有的品质都要归功于书籍，可见阅读对于个人成长的意义。我们对学生读书情况的调查结果显示，随着图书市场的开放，一些不适合学生的读物乘虚而入，一些内容不良的图书流入学生手中、书柜上。目前有些同学们课外阅读格调普遍不高，课外阅读的兴趣集中在童话类、漫画类上，而那些思想性、艺术性高的，文学史上著名的作品，却很少有人问津，这不能不引起我们的注意。

鉴于此种情况，我们觉得必须教给学生正确的选书及读书的方法，培养他们良好的读书习惯，激发他们深度阅读的兴趣。基于这样的考虑，我们举行了四年级"晒晒我的小书柜"主题班会。

[班会目的]

1. 探讨爱护书籍的方式方法，并落实到今后的日常行为当中去，培养学生爱护书籍的良好行为习惯。

2. 读书要有选择，读有价值的书，读有意义的书。

3. 掌握选书的原则和方法，培养学生热爱书籍的情感。

[班会流程]

环节一：晒晒我的书柜，说说书的来历

师：世界上最壮丽的宫殿是藏书最多的图书馆。（播放孩子们拍摄的家中的书柜、藏书，以及孩子们课外读书的视频。请两三个学生介绍自己都有哪些藏书）

小结过渡：同学们的藏书可真丰富！这些书是怎么来的呢？

生1：老师推荐，妈妈在网上买的。

生2：有的书是买的，还有的书是我过生日时，叔叔阿姨们送的。

生3：我书柜里的漫画书是哥哥姐姐送我的。

…………

环节二：聊聊怎样选书

1．师：在我们日常生活中，书是不可缺少的，阅读已经成为我们生活乐趣的一部分。可是，现在市面上的书太多了，我们该怎样选书呢？

2．分组讨论，组长记录发言要点，整理出选书的方法。

3．各组组长代表本组交流，交流时别的组已经说过的不要再说。

组长1：一般书店里都会分类摆放书，比如文学类、历史类。我们会先寻找自己喜欢的类别，再在这一类书里找自己喜欢的。

组长2：无论是在书店里，还是在图书馆里，我们都会先翻一翻，这样可以快速找到自己感兴趣的书，选中的书要么图片色彩鲜艳，要么文字引人入胜。

组长3：我们组成员在选择书的时候，会先浏览一下书的序言。因为序言一般会比较详细介绍这本书的基本内容以及作者的写作特点和风格。我们仔细阅读后，就很容易地选择出适合自己读的书。

组长4：我们在选书时，会先读目录。目录基本上能告诉我们这本书写了什么，如果目录能吸引我们，那这本书肯定是我们爱看的。

组长5：我们会买老师推荐的书，或者评价较高的书。

…………

环节三：爱惜图书

1. 故事组

(1) 鲁迅幼时爱护书的故事

鲁迅小时候对书特别爱护。他把书买回来后必仔细检查，发现有污迹，或者装订有问题，一定要到书店去调换。有些线装书，很容易脱线，他就自己动手改换封面，重新装订。看书的时候，他总是把桌子擦得干干净净，再看看手脏不脏。脏桌子上不放书，脏手不翻书。他最恨用中指或食指在书页上一刮，使书角翘起来，再捏住它翻页的习惯。他还特意为自己准备了一只箱子，把各种各样的书整整齐齐地放在里面，箱子里还放了樟脑丸，防止书被虫蛀。鲁迅小时候养成的爱书习惯，贯穿了他的一生。据《鲁迅日记》上的"书账统计"，从1912年至1936年，他购置了九千多册各类图书。他收藏的书，总是整理得井井有条。

(2) 司马光教导儿子爱护书的故事

司马光十分注意教育孩子力戒奢侈，谨身节用。为了完成《资治通鉴》这部历史巨著，他不但找来范祖禹、刘恕、刘攽当助手，还要自己的儿子司马康参加这项工作。当他看到儿子读书用指甲抓书页时，非常生气，认真地传授了他爱护书的经验与方法：读书前，先要把书桌擦干净，垫上桌布；读书时，要坐得端端正正；翻书页时，要先用右手拇指的侧面把书页的边缘托起，再用食指轻轻捏住以揭开一页。他教诫儿子说：做生意的人要多积蓄一些本钱，读书人就应该好好爱护书。

2. 情景剧组：小明的书怎么了

第二小组成员表演情景剧，主要内容：新学期，新书发到了同学们的手中。可是，一个月不到，小明的书已经破损得不能再看了，封面撕了，书边卷起来了，内页上还有许多墨水团，严重影响了他的学习，他请同学们找出他在书保存时存在的错误。

学生各抒己见，总结出小明新书变破书的原因，并提出了保存书的建议。

3. 实践组：我为新书穿衣裳

第三小组成员上台展示自己亲手为新书设计的书皮，通过展示告诉同学们，为自己心爱的书亲手设计一款书皮是多么开心的事情。

他们为美术书设计了绘制有精美图画的书皮；

为语文书设计出了写有漂亮汉字的书皮；

为数学书设计出了写有变形数字的书皮；

……

环节四：实践活动，去学校图书室借一本好书

1. 班主任带领学生去学校图书室借一本自己喜欢的好书。
2. 学生用刚刚讨论的选书方法选书并完成借阅手续。
3. 班主任老师观察并拍摄学生选书的过程，对学生进行引导。

班主任总结

书籍是人类开启智慧之门的钥匙，是我们的良师益友，读书不仅能给我们带来知识，还能教给我们做人的道理，让我们每一位同学从今天起，一同来完善自己的小书柜，爱护我们的朋友——书籍！

[班会延伸]

开展"家庭阅读"活动，将读书活动延伸到家庭。利用家长会，把一些家长好的做法介绍给大家，让家长懂得重视读书氛围的重要作用，既为孩子营造良好的物质和生活环境，同时也为孩子营造良好的人文环境，从而让孩子在成长中逐渐养成良好的读书习惯。

[班会反思]

本节班会主题是"晒晒我的小书柜"，整个活动以学生的体验为主，设计了四个环节。第一环节"晒晒我的书柜，说说书的来历"是个引子，意在蓄势，为下一环节"聊聊怎样选书"作铺垫。第二环节以学生生活体验为主，在交流中互补，让学生掌握选书的基本方法。第三环节"爱惜图书"的内容丰富，以名人爱惜图书的故事为学生树立榜样，同学们也在情景剧表演中反思自己的行为，进一步明确爱书的具体行为，再将爱书落实到设计书皮的具体行动上。最后一个环节"去图书室借一本好书"更是实践了本节班会课的内容，使学生们受益良多。

12月：友谊

7. 友谊的小船

◎ 浙江省桐乡市濮院小学教育集团翔云小学　朱建婷

[班会背景]

我们班的孩子大多数来自独生子女家庭，在家里往往唯我独尊，受到长辈的百般呵护。但同时，由于没有兄弟姐妹，缺乏与其他孩子共同生活的经验，缺乏交往意识、合作意识，所以在班级里，与同学之间的相处就会出现摩擦。各人都以自我为中心，同学之间常因小事发生争执，毫不顾及别人，经常找老师解决矛盾；交往中不懂尊重他人、宽容他人等。因此通过活动，可以增进学生对友情的理解、感受和体验，形成互助、互爱、团结的集体。

[班会目的]

1. 通过活动让学生了解什么是真正的友谊，认识到友谊的珍贵。

2. 让学生懂得友情需要朋友双方共同维护，引导学生树立积极向上、和谐友爱的友情观。

3. 引导学生学习经营友谊，使友谊更长久更牢固，增进同学之间的沟通交流，增强班集体的凝聚力。

[班会流程]

第一版块：真诚友谊我理解

师：今天在上课之前，老师想把一首自己非常喜欢的歌曲送给大家。会唱的同学可以和我一起唱。(播放音乐《永远是朋友》)

师：你喜欢这首歌吗？为什么？

生1：喜欢，因为歌曲的旋律很动听。

生2：喜欢，歌曲的内容也很积极向上。

师：体现在哪里呢？

生：这首歌告诉我们朋友是很重要的。

师：是呀，这也是老师喜欢这首歌的原因。我们的一生有许多宝贵的情感，其中之一就是朋友之间的"友谊"。友谊是一样神圣的东西，不仅值得特别推崇，而且值得永远赞扬。

师：你们有属于自己的友谊吗？

生：有。

师：今天这一节课就让我们走进友谊，探寻朋友之间的相处之道。我们每一个同学都有自己的朋友，那你认为怎样才算是朋友？什么才是友谊呢？那就让我们在A同学和B同学带来的朗诵《真正的友谊》中，去寻找答案吧！

友谊，像一盏明灯，照亮了我的灵魂。

友谊，驱散了我心中的孤独和悲伤。

啊，真正的友谊，

给人以无穷的温暖和力量。

友谊需要忠诚去播种，

友谊需要热情去浇灌，

友谊需要谅解去护理，

互相关心，不断勉励！

让我们携手并进，建立起真正的友谊！

师：现在你知道什么是真正的友谊了吗？

生1：友谊是我在生病的时候，同学的温暖问候和探望。

生2：友谊是我在学习遇到困难时，同学的热情解答。

生3：友谊是我在被欺凌的时候，同学及时挺身而出。

生4：友谊是我在犯错的时候，同学及时帮助我寻找原因，及时纠错。

生5：友谊是我忘带课本的时候，同学与我合看。

生6：友谊是我考试不理想时，同学安慰和勉励的话语。

生7：友谊是同学遇到开心的事，他第一个与我分享。

　……

师：同学们说得真好。老师认为，友谊是一只援助的手，把你从黑暗的泥潭里拉出来；友谊是一抹光明的微笑，让你乐观地面对生活；友谊是一座架起情感的桥梁，使你我沟通，心心相印，成为挚友；友谊是一首歌，真诚是旋律，宽容是曲子；友谊是一盏灯，你是灯芯，我是油，他是火柴；友谊是一座古老的房子，坚韧是石，毅力是沙！

第二版块：友谊故事我讲述

师：下面就让我们来玩一个小游戏，通过三个提示让大家猜一猜班级中你的朋友是谁。

游戏一：猜猜他是谁

提示一：我朋友的性格；提示二：我朋友的优点；提示三：我朋友的外貌。

游戏二：蒙面猜朋友

将这位同学蒙面，请包括他的朋友在内的四位同学上台，让他通过摸不同身体部位来感受，找出哪一位是在游戏一中的朋友。

师：你们为什么一下子就猜到了？这位同学非常了解自己的朋友，大家说是不是？

生：因为他讲到的那些都很明显，说明他很了解他的朋友。而他蒙面在人群中将他的朋友挑出来，更说明他很了解他的朋友。

师：每个朋友都是我们身边的小精灵，为我们的生活增添了不少的色彩。现在就让我们一起来分享一下你和朋友之间的故事吧。

生1：我的橡皮忘记带了，我的朋友马上就借给了我。

生2：放假的时候，我的朋友邀请我到他们家里，我也邀请他们到我家里玩。

生3：我生日的时候，我的朋友送给了我最喜欢的书。

生4：放学的时候，我们一起走，相互照应，注意安全。

师：和朋友在一起我们会收获无限的快乐。但俗话说，上下牙齿还经常磕磕碰碰呢，朋友之间有时候也会产生矛盾。你们曾经闹过矛盾吗，或者现在还在闹矛盾的，谁来说一说？

生1：有一次我想约朋友去打篮球，但是他不愿意，非要跟着别人去踢足球，所以我们吵架了。

师：后来你们的矛盾是怎么解决的？

生1：我朋友先去踢足球，回来后又陪我去打篮球，我就不生他的气了。其实想想自己也有不对的，我可以先陪他踢足球，然后我们再去打篮球。

生2：下课时，我的朋友拉我去上厕所，可我那时候真不想去，还要抓紧时间写作业呢。他说我心里没有他，友谊的小船要翻了。

师：那你们的矛盾又是怎么解决的呢？

生2：我在下一节课课后休息时间向他解释了一下，当时确实不需要上厕所，作业又急着要交，所以就没陪他。作为朋友，他也十分理解我。

师：从进入小学到现在，大家已经认识快四年了，在我们这个班集体中，你是否已经找到了一些较好的朋友呢？相信大家或多或少找到一些朋友了。那么，如何经营友谊，使友谊的小船能更牢固，航行得更远、更平安呢？

第三版块：真诚友谊我经营

师：朋友之间的相处，也有相处之道。今天老师给大家传授几个小诀窍。首先有请我们班的故事大王C同学为大家讲个故事，让我们在故事中寻找友好相处第一招。

1. 宽以待人（讲故事《两个士兵之间的故事》）

第二次世界大战期间，一支部队在森林中与敌军相遇。激战后，两名战士跟部队失去了联系。

两人在森林中艰难跋涉，他们互相鼓励，互相安慰。十多天过去了，仍未与部队联系上。一天，他们打死了一只鹿，依靠鹿肉艰难度日。这以后他们再也没看到过任何动物，他们把仅剩下的一点鹿肉背在身上。又一次激战后，他们巧妙地避开了敌人。

就在他们以为已经安全时，只听一声枪响，走在前面的年轻战士中了一枪——幸亏伤在肩膀上！后面的士兵惶恐地跑了过来，他害怕得语无伦次，抱着战友的身体泪流不止，并赶快把自己的衬衣撕下来包扎战友的伤口。

晚上，未受伤的士兵一直念叨着母亲的名字，两眼直勾勾的。他们都以为他们熬不过这一关了，尽管饥饿难忍，可他们谁也没动身边的鹿肉。第二天，他们得救了。

30年后，那位受伤的战士说："我知道谁开的那一枪，他就是我的战友。当时在他抱住我时，我碰到他发热的枪管。但是，我想我理解他。我知道他想独吞我身上的鹿肉，他想为了他的母亲而活下来。此后30年，我假装根本不知道此事，也从未提及。他母亲还是没有等到他回来，我和他一起祭奠了老人家。那一天，他跪下来，请求我原谅他，我没让他说下去。我们又做了几十年的朋友。"

师：听了这个故事后你想说什么？

生1：这位受伤的士兵很伟大，换成我当面可能不说，但事后可能不会原谅他，不会把他再当成自己的朋友了。

生2：面对战友这样的伤害，他都能理解和宽容。我们平时的磕磕碰碰又算得上什么呢！又有什么不能原谅的呢？

师：最后一段说得特别好，我们应该学会理解宽容的妙招。不要因为一些小摩擦、小误会就互不理睬。要学会站在对方的角度想问题，互相谅解，保持一颗宽容的心，你便会交到更多真诚的好朋友。

2．一个拥抱一次宽容（背景音乐《朋友》）

师：如果你和你的朋友过去或是现在因为小摩擦还没有和好，请你走到他的面前，用一个温暖的拥抱化解一切的误会。让一切尽在不言中！

（学生邀请朋友走上台，给对方一个深情的拥抱）

师：我们在与朋友的交往过程中，难免会有一些摩擦，这个时候该怎么办呢？且看以下几个短剧，寻找友好相处第二招。

（1）情景剧《将心比心》

在一节美术课上，同学甲忘记带美术材料，他就向他的好朋友也就是他的同桌乙借,可同桌不想把新买的画笔借出去,同学甲无法完成学习任务。

(演员保持动作姿势,画面定格)

师:请问这位同学,你的同桌不愿意把东西借给你,你能说一说此时的心情吗?

甲:很不开心,作为朋友连借样东西都不愿意。哼,下次你忘记带东西,我也不借给你,跟你学的。

师:遇到这种情况,如果我们能将心比心,站在别人的角度去想一想,也许结果会不一样,大家看……

演员转换思路,继续表演。乙心想:我忘记带东西的时候,同学甲也经常帮助我,现在他有困难,我也应该帮助他,新笔算得了什么,于是两人互相道谢,非常友好。

(2)爱的分享

师:回忆之前的点点滴滴,内心早已有了答案,这就是互相关爱互相帮助。今天就让我们做一次爱的分享。说一说朋友带给你的关心与帮助。

生1:还记得有一次我生病在家一个星期,我的好朋友天天把作业送到我家,还帮我辅导每天的内容。

师:那你想对你的朋友说些什么?

生1:有你这样的朋友真好,谢谢!

生2:要是你有什么特殊情况,我也会这样帮助你的。

生3:让我们做一辈子的朋友!

师:只有懂得关爱和帮助别人,才能拥有更多的朋友。所以我们在生活中,与朋友相处中,用好我们的第二招——关爱互助。

3.团结协作

师:在现在这个社会中,随着竞争的日益激烈,人与人的关系变得越来越淡薄,我行我素,以自我为中心,以自己的利益为半径画圆的人也越来越多,而且这种观念也正向我们学生蔓延。我们今天的游戏环节,去寻找友好相处第三招。

(1)团队合作游戏《珠行万里》

师:今天的游戏规则是这样的,整个团队每个队员手拿一个半圆形的球槽,将球连续传动(滚动)到下一个队员的球槽中,然后自己迅速地排到队伍的末端,继续传送前方队员传来的球,直到球安全到达目的地。

师：请一个小组上前演示。

（经过多次磨合，终于获得成功）

师：同学们，请你们说说为什么能取得成功，有什么秘诀吗？

生1：配合得比较好。

生2：因为我们互相鼓励，劲儿往一处使。

师：之前失败的原因又在哪里？

生1：我传完球后跑的速度慢了，没来得及跑到位置，怪我。

生2：球来的时候，我太紧张了，手抖没接住，怪我。

生3：我把U形槽的坡度放得过大，导致球速过快，影响了后面同学，怪我。

师：同学们从自身找原因，处处为团队着想，最终取得成功。但在现实生活中，有些同学在和朋友的交往中，遇到什么事情都只考虑自己的利益，不懂得与朋友团结协作，这样不仅会伤害到你们之间的友情，而且使你们做不成很多事情。所以，我们要用好第三招——团结协作。

(2) 团结做成的那些事儿

师：结合我们的学习、生活，来说一说朋友之间因为团结协作而取得的一些成绩，或者是做成的一些事儿。

生1：有一次，一道奥数题我怎么都想不出来，后来我找到我的朋友，两个人试了好多种方法，最终还是破解了难题。

师：你当时的心情如何？你想对你的朋友说句什么话？

生1：感受到成功的喜悦，我非常兴奋。我想对朋友说——谢谢你！

生2：4×100接力赛，我们几个平时勤练习，接棒的动作娴熟，如同一个人在奔跑，最终我们班队获得了年级第一。我们开心极了！

班会小结

（播放背景音乐《友谊天长地久》）

同学们，通过这次班会，相信大家已学会了如何更好地经营友谊，如何使友谊更长久、更牢固了吧。记住朋友之间友好相处的三大绝招，你就能交到更多好朋友！人的一生有许多感情是很宝贵的，其中之一就是"友谊"。著名哲学家、作家弗朗西斯·培根说："友谊能使快乐倍增，使痛苦减半。"李白也告诉我们，桃花潭水尽管有千尺深，也不及朋友的情谊深。祝愿你们和你们的朋友，从现在起手拉手、心连心，为创建和谐、美好的班集体做出自己的贡献。这样，我们的班级一定是温暖的、团结的，我们在这样的大家庭中快乐成长。

[班会延伸]

1. 搜集赞美友谊、珍惜朋友的名言警句、诗歌美文、优秀歌曲。
2. 让学生写日记，从侧面了解主题班会的成效。

12月：友谊

8．品味科学　创意无限

◎ 江苏省南京市银城小学　魏敏

[班会背景]

我们生活在一个不断变化的世界中：曾经传说嫦娥奔月，而今的航天飞机使这一梦想成真；曾经万户飞天，人们向往太空，而今载人飞船实现了航天梦；古时，人们日行数百里是了不起的事，现代，已有了超音速飞机；电话、网络，更让我们感受到天涯不过咫尺……

纵观历史，人类就是在创新当中进步的。黄道婆改进纺织技术，沈括创制十二气历，中国的四大发明，英国的工业革命……任何社会变革、科学进步都是人们创新的结果，都会引领社会进步。科学改变了世界，改变了我们，也会改变我们的未来。

[班会目的]

1．通过本次主题班会，唤醒每个学生的科学潜能，鼓励学生观察、提问、动手，培养学生的判断、选择意识和设计、实施能力。

2．帮助学生养成良好的心理品质和健康的人格，以培养学生的科学素养、创新能力和实践能力。

3．通过小发明活动，培养队员自主探究与合作交流的能力，培养学生团结协作的团队精神。

四年级

[班会流程]

班会导入

师：中华民族数千年来创造了很多伟大的成就，结下了累累硕果，留下了一笔笔光辉灿烂的科技发明。(播放视频《中国古代四大发明》)

师：同学们，你们知道我国的四大发明是什么吗？

生：指南针、火药、造纸和印刷术。

师：通过这个视频，你得到了什么启示？

生1：发明可以改变生活。

生2：多动脑筋很重要。

生3：科学技术运用好了可以给人类造福。

生4：我们现在的生活如此美好，要感谢每一个发明。

生5：我们要大胆想象，大胆尝试。

师：是的，我们不仅要感谢这些发明，让我们今天的生活更美好，而且要自己尝试去创造、去发明，用科学改变命运，用智慧创造价值。"品味科学　创意无限"主题班会现在开始！

活动一：科学家故事会

师：科学为人类播撒下了充满希望的种子，科学为人类创造了前所未有的辉煌。在这些辉煌的背后有一批伟大的科学家，他们为科技的发展做出了巨大贡献，为人类的进步立下了汗马功劳。课前，老师让同学们搜集一些科学家的事迹，谁先来介绍一下自己所搜集的中国古代科学家？

生1：我搜集了祖冲之的资料，下面我为大家介绍一下。他是我国著名的数学家和天文学家，他首次将圆周率精算到小数点后七位，他提出的"祖率"对数学研究有重大贡献。由他撰写的《大明历》是当时最科学、最进步的历法，对后世的天文研究提供了正确的方法。

生2：我搜集到了郭守敬的资料。郭守敬幼承家学，精通五经，熟知天文、算学，擅长水利技术。在祖父郭荣的教导下，郭守敬从小勤奋好学，在少年时代就养成了很强的动手能力。相传郭守敬在十五六岁时，根据书上的一幅插图，用竹篾扎制出一架测天用的浑仪，而且还堆土做了一个土台阶，把竹制浑仪放在上面，进行天文观测。他还曾根据北宋燕肃一幅拓印的石刻莲花漏图，弄清了这种可以保持漏壶水面稳定的、在当时颇为先进的计时仪器的工作原理。更重要的是，1279年在他的建议下，元世祖下令由他组织开展四海测验，黄岩岛就是其中的一个测绘点，这也证明黄岩岛自古以来就是我国固有领土。

生3：我搜集到了沈括的资料。沈括，字存中，号梦溪丈人，浙江杭州钱塘人，北宋政治家、科学家。沈括一生致力于科学研究，在众多学科领域都有很深的造诣和卓越的成就，被誉为"中国整部科学史中最卓越的人物"。其代表作《梦溪笔谈》，内容丰富，集前代科学成就之大成，在世界文化史上有着重要的地位，被称为"中国科学史上的里程碑"。

师：同学们说得真不错，古代科学家的杰出贡献，奠定了中国在历史上的长期领先地位。同样，现代中国的繁荣也离不开科学技术的进步，同学们了解我国现代科学家吗？

生4：我课前搜集了数学家华罗庚的事迹，我来介绍他。华罗庚从小自学成才，勤奋求实，勇于开拓。他一共上过九年学，只有一张初中毕业文凭，最后能成为蜚声中外的杰出数学家，完全是依靠他的刻苦自学。即使到了晚年，在学术界的声望和地位已经很高，他还是手不释卷，用功地读和写。我们四年级的时候还学习过他的一句名言："勤能补拙是良训，一分辛苦一分才。"

生5：我想介绍一个人——中国导弹之父钱学森。钱学森是新中国历史上伟大的人民科学家之一，他放弃了国外优越的物质条件，毅然回到了当时贫瘠的祖国进行艰苦的科学研究。钱学森回国后直接参与了"两弹一星"计划，被誉为"中国导弹之父"。

生6：我搜集了获得诺贝尔生理学或医学奖的屠呦呦的事迹。2015年10月，屠呦呦获得诺贝尔生理学或医学奖，理由是她发现的青蒿素可以有效降低疟疾患者的死亡率。

生7：程开甲，中国科学院院士，"两弹一星"功勋奖章获得者，2013年国家最高科学技术奖获得者，我国核武器事业的开拓者之一，我国核试验科学技术体系的创建者之一。他曾获国家科技进步奖特等奖、"两弹一星"功勋奖章、"八一勋章"。

师：同学们举的例子非常好，正是由于他们，才使得祖国的国际地位一步一步得到提高。我们为之感到骄傲。科学是不分国界的，好的科学发明不仅能造福一个国家，而且能造福全世界。说说你知道的外国科学家的故事吧。

生8：我最熟悉的就是爱迪生。他的童年生活非常困苦，常在火车上兜售糖果、点心和报纸。有一次，在火车上卖报时，一个心毒如蛇而力大如牛的火车管理员粗暴地打坏了爱迪生的耳朵，从此，爱迪生成了聋子。爱迪生常说："我真得感谢那位先生，在这个嘈杂的世界上，是他使我清静下来，不必堵着耳朵去搞实验了。"爱迪生一生取得了一千多种发明的专利权，他的发明让人类的文明迈出了一大步。

生9：我来补充一个爱迪生的故事。一天，爱迪生指着正在孵蛋的母鸡问妈妈："母鸡把蛋坐在屁股底下干吗？"妈妈说："哦，那是在孵小鸡呢！"下午，爱迪生突然不见了，家里人急得四处寻找，最后在鸡窝里找到了他。原来，他正蹲在鸡窝里，屁股下放了好多鸡蛋孵小鸡呢！父母看了以后，哭笑不得。爱迪生就是凭着这种好奇心，为人类做出了巨大的贡献。

生10：我们二年级的时候学过一篇课文《有趣的发现》，是介绍英国科学家达尔文的。他遇到事情爱观察爱动脑，发现了许多生物的秘密。

师：感谢同学们的分享，听了这些故事，你们有什么感想？

生1：任何的发明都要细心观察，多提问。

生2：只要我们细心观察生活，就会发现许多有趣的现象。

生3：只有我们平时爱动脑筋，才会有发明创造。

生4：我觉得除了要仔细观察，我们还要多动手去做。

师：同学们，这些发明家的故事，让我们知道了发明都是从生活中来的，都与我们的生活息息相关。只要我们平时多观察、多思考、多提问、多想象，还要动手试一试，那一定会有收获。让我们像科学家那样，勤动脑、勤思考，从小爱科学。

活动二：科学在发展

师：前人们的代代努力，迎来了科学的春天，一项项新的发明创造正在孕育。它们凝聚着最先进的科学技术，体现着现代文明的光辉。"神舟"系列飞船的发射成功，体现了我们中国人伟大的智慧。让我们一起来回顾一下"神舟之路"。

（播放视频"神舟"系列飞船相关纪录片）

师：看完之后，大家有什么想说的吗？

生1：我看了之后心里很激动，很自豪！

生2：我们的科学家是多么了不起。

生3：我认为宇航员也很棒，他们不怕牺牲，为了祖国的航天事业特别能吃苦、特别能战斗、特别能攻关、特别能奉献。

生4：我想向他们学习，长大之后做个科学家。

师：是的，伟大的科学家和宇航员用自己的不懈奋斗换来了祖国的腾飞、科学的发展，我们一定要以他们为榜样。

活动三：科学在身边

师：同学们，其实科学并不是那么遥不可及，也不是高深莫测。在我们身边也有许多科学，课前，大家已经分小队进行了资料收集，下面就请各组汇报"我们身边的科学"。

第一小组

组长：地球上充满了空气，人们每时每刻需要呼吸，没有空气，地球上几乎所有的生命都无法生存。科学家发现和利用空气的许多科学原理，使它能够为人类服务。

组员1：空气是有弹性的，把球做成空心的，里面充进空气，球才会蹦蹦跳跳。自行车、汽车的轮胎就是这样，里面充满空气后，跑起来又轻快又平稳。

组员2：空气能流动，空气流动就产生了风。人们制造出风力水车，还制造了风力发电机。

组员3：人们利用空气的阻力发明了降落伞。降落伞会慢慢从空中降下来，使人或物从空中安全降落到地面。

第二小组

组长：水是组成人体的最主要的成分，人体要是失去十分之一的水，生命就会受到威胁。利用水来为人类服务，是自古以来人们就进行的一项工作。

组员1：很久很久以前，人们就发现水有浮力——放进水里的东西受到水向上托起的力。利用这个原理，人们制造了各种船只，用来运送货物和人。

组员2：古时，我们的祖先就知道用海水煮盐。汉代许慎《说文解字》说："盐，卤也。天生曰卤，人生曰盐。"实际上，用海水煮盐的方法，最早是生活在海边的古代先民经过长期摸索和实践创造出来的。

组员3：南水北调工程，就是把中国长江流域丰盈的水资源抽调一部分送到华北地区。它改善了我国北方地区水资源严重短缺的局面。

第三小组

组长：人们的生活离不开水，同样也离不开电，如果没有电，会带来许多麻烦。

组员1：为了在黑夜中得到光亮，起初人们用点燃的火把来照明，后来又发明了油灯和蜡烛。一百多年前，科学家发明了电灯，电灯用起来又明亮又方便。

组员2：为了移动照明，人们还发明了手电筒，轻轻一按开关，手电筒就亮起来，一道光柱射出去，附近被照得清清楚楚，再轻轻一按开关，手电筒就熄灭了，真是方便极了。

组员3：灯不仅用来照明，还被用来向远处发射信号。汽车、轮船和飞机上都装有许多不同用途的灯。每当汽车要转向时，尾部的黄灯就会亮起来；每当汽车刹车时，尾部的红灯就会亮起，告诉后面的车辆：我正减速，小心，别撞上！

组员4：不仅汽车上有红灯，在许多表示危险和提醒人们注意的地方都用的是红灯，比如红绿灯中的红灯就是告诉人们停止行驶的。

师：看似遥不可及的科学发明其实一直在我们的身边，与我们的生活息息相关，这些发明既是对生活的感悟和体验，也是对知识的活用和妙用。看完这些，同学们是不是也有想发明的冲动了？

活动四：科学在手中

师：追溯人类科技发展史和许多著名科学家、发明家的成长历程，可以看出，现代科学技术也是从最简单的小制作中开始的，人类的智慧之花是从动手实践中开始萌芽的。科学发明也不是只有科学家们才能做的事，我们可不要小看自己，课前同学们也准备了许多自己的得意之作，下面请拿出自己的小制作、小发明，来和大家一起分享吧。

（主题班会前将作品在班内展示）

生1：我今天向大家介绍我制作的"电磁力小秋千"，就是用电磁力推动的小秋千。材料是一根细的和两根粗的漆包线、一块木板、两个图钉、一节干电池、一根导线、一把小刀和一把钳子。首先把细线拉直，两端各留15厘米做摆线，把中间的那部分缠成线圈，用钳子夹成正方形，把摆线两头的漆用小刀刮干净，露出里面的铜导线，把摆头弯成小圈待用。再用两根较粗的线做支架，用钳子把两根线的头都弯成T形，另两头先留出约5厘米的长度弯成直角，头上做出一个小的环。支架做好以后，用图钉固定在木板上，把摆荡线圈的小环挂在支架的两个连接环上，使其能自由摆荡。接下来把一块磁铁放在线圈下面的底板上，最后将支架的两端分别与电池的正负极相连，电路就导通了。这个小发明运用了电磁力就是安培力驱动的。在共振的情况下，秋千能荡很高。

生2：我给大家介绍我制作的"水火箭"。听到这个名字，你一定很奇怪吧，那就听我详细地说一说。首先准备材料和工具：塑料瓶两个、胶带一卷、打气筒一个、剪刀一把。制作的时候，先用剪刀剪去瓶子的一半，留上半部分。然后用另一只瓶子装满水，接着将装满水的瓶子与那半个瓶子用胶带连接起来，并保证用胶带将其封死，不漏气。最后用打气筒对瓶口打气，打气到一定程度，"水火箭"就会发射了。这个小制作的原理是运用了压力的变化，当气体达到一定程度时，压力会将水往外喷，产生了推力，"火箭"就"发射"了。

生3：我的小发明是"伸缩插座"。生活中的电线有时会有一大段裸露在外面，存在安全隐患，所以，我设计的这种可以伸缩的插座，优点在于用的时候，可将电线拉出，不用时，又可将它收起来，美观方便又安全。材料准备：一根长10厘米左右的棍子，一个圆柱形的可以打开盖子的塑料盒子。第一步将棍子从盒子的中心穿过，然后把多余的电线缠绕在棍子上，最后把盖子盖起来，电线的两头也分别从盒子的上下穿出来，可以随时收放。

生4：我制作了"多功能粉笔套"，给粉笔做一个外套既可以不浪费粉笔头，还能够让粉笔的两头分别是不同的颜色。

生5：我做了一个小汽车，它由放气时的作用力驱动吹大的气球。制作前，我准备了废旧玩具汽车的轮子四个（带轴）、一次性筷子一根、废旧圆珠笔一支及502胶水。我的制作思路是让气球内的气体从圆珠笔套中喷出，在这个力的推动下,小车前进。制作方法：用一次性筷子将前后四个轮子连接起来；把圆珠笔拧开,取下半段（露出笔尖的那部分）,用胶水粘在一次性筷子上（最好在笔管和筷子之间加一小块垫子,不然装气球的时候会很困难）,把气球充气后,装到笔管上,松开手后,小汽车就会自动跑起来。

师：这么多的能工巧匠,真好！同学们不但会想象,还会自己动手制作,这就是科技实践与创新。这些同学做小制作时一定花了许多时间和心血,但只要坚持,不怕失败,多动脑、多动手,一定也能像科学家那样尝到成功的喜悦。同学们要"从我做起,从现在做起,从动手做起",争做小小科学家。

活动五：科学创未来

师：了解了这么多关于科学发明的知识,也该放松一下了。让我们有请第一小组的同学们为我们带来一个小品《信息的传递》。

场景1：古代的长城烽火台上

士兵A：有敌人来进攻了！

士兵B：赶快点火！

旁白：火焰马上被点起,冒出浓烟。慢慢地,邻近的烽火台上也冒出浓烟。在古代,人们利用这种方法传递信息,用时长,效率低。

场景2：古代的一间房屋旁边的树下

士兵C手拿信鸽,将一封短信绑在信鸽的腿上,对信鸽说道："信鸽啊信鸽,你一定要把我的信带给我的首领,这可是非常重要的情报啊！"然后把信鸽放飞,深情地望着它飞去。

旁白：古人经常利用飞鸽传信,但是这种方法并不可靠,有时候情报可能落入敌人手中。

场景3：20世纪30年代的战场

士兵D拿起一台老式电话,先转了几下摇把,说："敌人冲锋了,快向我前方的开阔地带开炮！"

炮兵E：请说明方位！

士兵D：方位是……（突然一声响,电话线被炸断了）

旁白：以前的有线电话线路经常出现故障,不能满足通话需求。

场景4：现代社会的候车大厅

F边走边打手机：张老板，货款我已经从手机银行上给你转过去了，请查收。

G正在使用手机语音和朋友聊天。

H使用手机玩游戏。

旁白：现代社会，科学的迅猛发展使手机等通信工具已经和我们的生活融为一体。

场景5：未来人类的交流

旁白：未来人类使用和身体融为一体的通信工具，实现信息传递。享受科学的创新给我们带来的便利，改变我们的生活习惯，我们的生活更美好！

师：感谢同学们的精彩表演，从简单的信息传递过程，我们就可以看出，科学的创新对于人类生活影响巨大，科学的创新是我们打开未来世界的金钥匙。

班会小结

师：相信通过这次班会活动，热爱科学、热爱发明创造的种子一定会播撒在我们的心田，想要让这颗种子生根发芽，结出丰硕的果实，我们就必须在今后的学习生活中努力学习科学知识，掌握科学方法，提高科学素养。在此，老师还想将两句科学家的名言送给大家，相信会对大家有所启发。（幻灯片展示）

> 无论何时，不管怎样，我也决不允许自己有一点灰心丧气。——爱迪生
> 胜利者往往是从坚持最后五分钟的时间中得来成功。——牛顿

老师期待同学们今后更加勤奋学习，勇于实践，大胆创新，扇动雏鹰奋勇的翅膀，飞上科学的蓝天，热爱发明，享受创新的乐趣！

1月:梦想

9. 我是社区志愿者

◎ 浙江省桐乡市濮院小学教育集团翔云小学　朱建婷

[班会背景]

志愿者,是一个在国内外都家喻户晓的称呼。随着时代的进步,志愿者的身影不断在我们身边出现。在重大的国际会议上、大型的体育赛事中,在我们社会大家庭里……处处都有志愿者的身影。正是有了他们的付出,社会才变得和谐、温馨。在我们的校园里,也悄悄地出现了红领巾志愿者的身影。每一位少先队员都能在大队部的组织下,参与到志愿活动中。然而,队员的年龄小,对于志愿者的概念还比较模糊。因此,我们借助班会课堂,将志愿者的品质植根于少先队员幼小的心灵世界里。

[班会目的]

1. 通过班会课让队员感悟志愿者的精神,激发学生关爱他人、帮助他人,并将这种精神转化为行动。

2. 通过班会课引导学生发现作为社区的小居民,我们可以从身边的小事情做起,利用节假日做一个社区志愿者。

3. 让学生体验志愿服务的快乐,树立正确的世界观、人生观和价值观,感悟"奉献、友爱、互助、进步"的精神。

[班会流程]

视频导入:在触动人心的歌曲《爱心飞翔》的音乐中播放爱心天使赵小婷的

专题片，引出今天主题班会的关键词——志愿者。

第一版块：有一个名字叫志愿者

1. 什么是志愿者

师：有一个群体很平凡也很伟大，在大家心目中，他们是文明的使者，他们是爱心的天使，他们是奉献的代名词。同学们，你们知道他们的名字叫什么吗？

生（齐声回答）：志愿者。

师：那怎样的人可以称为志愿者呢？

生1：帮助别人、为别人解决困难的人。

生2：传递爱心、播撒文明的人。

生3：服务社会、奉献社会的人。

师：同学们说得真好。志愿者是一个没有国界的名称，指的是不为任何物质报酬，为他人生活、国家建设和社会公共事业提供服务，贡献个人力量的人。你认识这样的人吗？你能跟我们说一说他们的故事吗？

2. 我知道的志愿者（请学生讲一讲）

生1：北京男孩儿薛祺是北京信息职业技术学院的大一学生，说话时总爱带"其实""然后"这样的口头语，是个"资深网民"。薛祺的另外两个身份却让他显得有些与众不同——北京市红十字血液中心志愿者和国家图书馆志愿者。在他的简历上，从2001年9月参加成人预备期志愿服务到现在，他的志愿服务时间已超过700小时。

生2：59岁的高素萍，于2007年9月创办了三线战友俱乐部，并于2011年加入陕西省慈善协会，成为该协会下属的志愿者。俱乐部现有注册人数300人。先后组织各类活动150余次，组织艺术团为社区群众及战友公益慰问演出30余次。俱乐部成员为安康灾区、白鹿原儿童村、贫困大学生和身患绝症的战友捐款捐物50余万元。

3. 志愿者的基本特征

师：从志愿者的故事中，我们可以发现志愿者都有什么样的共同特征呢？

生1：自愿，人人可为、人人能为，发自内心，没有外力强迫。

生2：不图物质报酬，甚至还要自己付出时间、精力、财力。

生3：力所能及地奉献自己。

生4：都不在他们的本职工作范围内。

生5：他们都参加了志愿者组织。

师：同学们说得真不错。总的来说，志愿者都具有志愿性、无偿性、公益性、组织性的基本特征。志愿者自古以来就已经存在,古时候的赠医施药、赈灾施粥等，可被视为志愿者的雏形。

第二版块：志愿者那些感人的事

师：其实，在我们中国一直都有一位志愿者的代表，他以螺丝钉的精神全心全意为人民群众服务。你们知道他是谁吗？

生：……

师：每年的3月5日是什么日子？

生：学雷锋纪念日。

师：雷锋是志愿者的代表，在老师小时候我们都向雷锋叔叔学习，你们知道雷锋吗？大家来了解雷锋的生平。

1. 介绍雷锋生平

雷锋出生于一个贫苦的农民家庭，7岁就失去了父母，成了孤儿。新中国成立后，在党和政府的培养下，雷锋成为一名光荣的人民解放军战士。平时他勤勤恳恳、踏踏实实，从平凡的小事做起，全心全意为人民服务。为此，他多次立功。1962年8月15日，雷锋因公牺牲，年仅22岁。虽然他离开了我们，但是他留下了一个永不消逝的名字——雷锋，也留下了一种伟大而高贵的精神——雷锋精神。他的精神将会永远闪耀在祖国的大地上，闪耀在校园的每一个角落，将会永远活在我们心中。

师：是呀，不管是雷锋还是志愿者这只是一个称呼，但是他们传递的精神是一样的。下面让我们一起来欣赏情景剧表演《助人为乐的雷锋》。

2. 情景剧表演《助人为乐的雷锋》（故事省略）

师：同学们，我们学雷锋，不能仅仅停留在这一天，或者前后几天，而应该将这种品行根植于内心，形成常态化，贯穿于日常生活之中。从雷锋到现在的志愿者，从故事中我们看到的是温暖和爱。你还知道哪些志愿者的感人故事呢？

3．分享故事会

展示如志愿者在奥运会、G20峰会、汶川大地震、玉树大地震中辛勤服务的图片，请学生介绍志愿者的故事，进一步走近志愿者，深入了解志愿者及他们无私奉献的品质。

师：志愿者身上都有哪些闪光的东西？

生1："奉献、友爱、互助、进步"是志愿服务响亮的口号。

生2：合作力量大。一位志愿者曾说，一个看似巨大的灾难，除以13亿就会变得很小；13亿人民每人献出一点爱心，就会汇成一片爱的海洋。

师：志愿者有一个共同的品质——无私奉献，不图回报。

第三版块：寻找我身边的志愿者

师：同学们，你们知道吗？在我们身边也有不少这样的志愿者呢。他们做些力所能及的事情，就帮助了很多需要帮助的人。下面我们分小组来介绍一下他们。

1．第一小组：世界互联网峰会的小梧桐

生：我们这里是世界互联网大会的永久会址，自从互联网大会在这里召开以来，就涌现出了一大批志愿者，这些志愿者来自不同的院校，其中包括浙江大学、浙江工业大学、浙江传媒学院、浙江育英职业技术学院等17所高校，一共1072名。他们还有一个好听的名字——小梧桐，取意"栽下梧桐树，引得凤凰来"。志愿者被分为会场活动、重要嘉宾、酒店医疗、新闻中心、景区引导、接送站、注册报到、重要活动、镇区岗点、机动后勤等10个志愿服务组，为大会提供各项志愿服务。

2．第二小组：社区安保志愿者

生：G20峰会期间，一支有着76万人的平安巡防志愿者队伍，成为守卫杭城、护航G20的一道最亮丽的风景线。虽然我们不在杭城，但是在我们这里的各个社区，也组织起爷爷奶奶、叔叔阿姨戴上"红袖章"，人人参与平安护航G20。

3．第三小组：校园红领巾志愿者

生1：我至今还记得一年级入队时，高年级的大哥哥、大姐姐组成志愿者护送队，将我们送到教室。还有高年级的志愿者——红领巾讲解员，义务为我们介绍少年先锋队的情况，教我们系红领巾、敬队礼。

生2：我们也参加过志愿者活动。每年的3月5日学雷锋日，我们都会报名参加维绿护绿志愿者活动,用自己的双手让我们的校园更加美丽。

生3:我经常在图书馆帮助老师整理图书。

生4:我经常帮助打扫楼梯、走廊过道。虽然这里是我班的包干区,可我从来没有把它当成负担,而是觉得能为集体、为同学们出一份力、做一件事很开心。

第四版块:我要做名社区志愿者

1. 社区服务需要我们

师:虽然我们年纪小,但是志愿者的舞台却很大,我们可以走出校门,走进我们生活的小社会——社区,去寻找社区里哪些方面需要我们红领巾志愿者。课前我们就这个问题进行了调查,让我们一起来交流一下吧。

生1:绿色环保方面,开展义务劳动、铲除居民楼院的小广告、捡拾垃圾等文明创建活动。

生2:文明宣传方面,倡导每个家庭成员养成爱护环境、勤俭节约、物尽其用、减少废弃物的文明生活习惯。

生3:行为劝导方面,倡导养犬人自我管理,文明停车不占道,生活垃圾不乱抛等。

生4:生活方面,看望熟悉的留守老人、孤寡老人,陪他们聊聊天。关心社区里的留守儿童或困难家庭,辅导功课或赠送一些自己穿不上的衣物。

2. 我能服务的社区志愿者岗位

师:在志愿活动中,志愿者们总是根据需要把自己的才能融入服务中。我们每一个人都有自己不同的特点和长处,那你觉得自己最擅长什么?

生1:我会唱歌,我可以给爷爷奶奶表演节目。

生2:我会打扫卫生,可以清扫楼道。

生3:我学习成绩好,平时可以给弟弟妹妹辅导功课。

生4:我可以去擦拭小区健身器材。

生5:我能在社区活动中心讲解社会主义核心价值观,让小区更文明、更和谐。

3. 制订社区志愿者服务卡

"和谐社会需要志愿服务,志愿服务至高无上。"(大屏幕显示志愿服务的标志和志愿誓词)

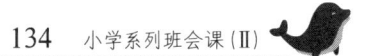

师（带领学生宣誓）：我是小小志愿者，我谨记志愿者精神，服务他人，回报社会！

（学生一起宣誓）

师：今天就让我们把誓言转化为行动，为自己制订一张社区志愿者服务卡，利用暑假做一名社区志愿者。

（播放音乐，学生制订服务卡）

师：谁来说一说你的暑期志愿者服务计划？

（学生交流，个别发言）

班会小结

师：志愿服务，帮助别人，奉献社会，快乐自己。同学们，地球是我们共同的家园，生活在地球上的每一个人都有责任和义务为社会服务。在以后的日子里，大家积极参加志愿者的志愿服务活动，献出我们的一份爱，我们的明天将会更美好！让我们齐唱《志愿者之歌》来结束这次班会。

[班会延伸]

1. 制订暑期社区志愿者行动表。

序号	日期	志愿服务内容	完成情况	效果评价

2. 举行志愿者服务交流会。

1月：梦想

10. 张开梦想的翅膀

◎ 江苏省仪征市张集小学　牛立强

[班会背景]

随着时代的发展，我们的生活条件也得到改善，当前大部分小学生缺少困难的磨炼。父母祖辈无微不至的照顾，使得他们大多数有着较强的依赖性，在学习上的表现就是缺乏动力、主动性差。他们往往没有明确的生活目标，更没有远大的梦想激励自己主动学习，主动追求美好未来。在中国少年先锋队第七次全国代表大会上，习近平主席寄语全国各族少年儿童，要从小学习做人，从小学习立志，从小学习创造，强调童年是人的一生中最宝贵的时期，在这个时期要注意树立正确的人生目标，培养好思想、好品行、好习惯。今天做祖国的好儿童，明天做祖国的合格建设者和接班人。美好的生活属于你们，美丽的中国梦属于你们。本次班会也是激励学生将伟大的中国梦细化，落实到学生个人梦想的追寻中。

[班会目的]

1. 知道人应该有梦想，明白梦想对我们的意义。

2. 明白既要有当前的梦想，更要有长远追求，并能大声把自己的梦想说出来，共同畅谈梦想。

3. 引导学生制订具体行动，鼓励学生为实现梦想而努力。

[班会流程]
班会导入

师：视频中的主人公是谁？（播放刘翔雅典奥运会夺冠的视频）

生：刘翔。

师：还记得三年级学习的一篇课文《翻越远方的大山》吗？课文讲述的是什么？

生：记得。课文讲述的是刘翔从小就把世界冠军约翰逊当作自己追赶的目标，通过不断努力，最后获得世界冠军的故事。

师：学习了这个故事，你最大的收获是什么？

生：人生要有梦想，并且能像刘翔一样朝着梦想前进，梦想一定会实现。

第一环节：五彩斑斓的梦想

1. 什么是梦想

师：什么是梦想？

生1：梦想就是我们的理想。

生2：梦想就是未来的美好的事情。

生3：梦想就是人生的目标。

生4：梦想就是将来我想做的事。

2. 梦想可以是什么

师：人不能没有梦想，梦想总是美好的，让我们来看一看我们熟悉的人的梦想都有什么。（展示幻灯片）

潘长江的梦想——T台男模

喜剧演员是潘长江小时候没想过的，身材矮小的他从小的梦想竟然是当帅气的T台男模。

杨幂的梦想——当漫画家

著名演员杨幂表示，自己儿时的梦想是当一名幼稚园老师，还曾经梦想过当一名漫画家。

师：看了他们的梦想，你们想说什么？

生1：原来，梦想竟然如此丰富多彩。

生2：这些梦想真有意思。

生3：理想对人生的影响如此之大。

生4：实现理想需要付出努力。

师：是啊，看这些名人的梦想，既有崇高伟大的，也有从自己兴趣爱好出发的。正是有了这些梦想，他们的人生才显得多姿多彩。

师：想一想，其实我们每个人或多或少都曾经有过这样那样的梦想。请看一组图片。(幻灯片展示各种职业的人：飞行员、旅行者、航天员、导演、健身教练、足球运动员、服装设计师、相声演员、探险者、软件设计师、职业调酒师……)

3. 我曾经的梦想

师：你对哪些图片中的职业很感兴趣？你曾经憧憬过自己什么样的梦想？

我们可以想想自己的爱好，也可以想想自己生活中最缺少什么，可以想想哪些事是你最向往的，也可以想想哪些事看上去最有价值。

第二环节：写给未来自己的信

1. 我的最大梦想是什么？

师：我们每个人都有美好的梦想，有梦想的生活是多姿多彩的，有梦想的人生才有意义。同学们，在这些五彩斑斓的梦想中，你最大的梦想是什么？

2. 写给未来自己的信

师：看到同学们诉说的梦想，老师真心为你们感到高兴。今天的梦想，就是明天奋斗的目标。俗话说：有志之人立常志，无志之人常立志。也许，若干年后有的人因执着坚持，真的实现了自己的梦想；也许，有的人因为种种原因没有实现自己的梦想。但，我们曾经梦想过，同学们，想不想长大之后，检验我们的梦想是否实现？

生：想！

师：拿出我们手中的笔，让我们给十五年后的自己写一封短信，记录下我们今天的梦想，2035年我们再次打开今天写下的信，验证我们的梦想是否实现，好吗？

老师发放第一份精美信笺,学生给未来的自己写信。在音乐声中,将写好的信笺装入瓶中,回去后请父母帮自己将瓶子密封,并以妥善的方式保存好。

第三环节:梦想可以离我们如此之近

1. 身边人的梦想

师:当我们封存写给未来自己的信,我们便有了自己一生最大的梦想,我们今后的学习和生活就有了前进的动力。可是,我们该如何实现梦想呢?课前,老师在我们班学生家长之中,通过采访了解了一些正朝自己梦想努力奋斗的家长。今天,我们有幸邀请到了部分家长,让我们当一回小记者,采访一下这些家长的追梦经历,好吗?

生:叔叔您好,我是四年级(1)班的小记者,我叫某某,可以采访您几个问题吗?

家长1、家长2:好的。

生:听说儿时的您,曾经有过梦想,能谈谈您的追梦经历吗?

家长1:我是一名建筑工程师。从小的梦想就是能设计出举世闻名的建筑,后来,我真的从事了建筑业。我每天不断学习,不断提高自己的水平。每设计一处建筑,我都以高标准要求,尽可能完美地完成自己的设计。虽然到现在,我还没有设计出一个世界级的建筑作品,但是,我的作品在建筑界得到了肯定,特别是受到了客户的喜爱。我想对大家说的是,虽然我的梦想还没有实现,但正因为我有梦想,我的建筑设计水平不断提高,我也不断进步,得到更多客户的认可和赞赏。

家长2:我是一名蛋糕房的糕点师。我从小的梦想就是希望有一天能吃到自己做的蛋糕,并让大家都喜欢我做的糕点。高中毕业后,我就到一家大型蛋糕店学习,认真学习做蛋糕的技术。现在,我开了自己的蛋糕房,我做出来的糕点销量非常好,深受广大顾客的喜欢。可以说,我已经实现了我的梦想,今后我将继续钻研,让我做的蛋糕更漂亮,味道更好,让更多人喜欢。

师:听了两位家长的梦想故事,你们想说什么?

生1:人有了梦想,即使没有实现,也依然会因为追梦而不断进步。

生2:原来,梦想不一定要那么伟大,成为一名糕点师也可以是我们的梦想,同样可以实现人生价值。

生3：梦想不能停留在"做梦"上，要有实际的行动。追梦的过程比实现梦想本身更可贵。

2. 梦想可以如此平凡

师：人们的生活经历不同、爱好不同、追求不同，并不是每一个人的梦想都是那么伟大。有些梦想看上去很平凡，但它依然对我们的人生起着推动作用。有些梦想很伟大，但伟大的梦想其实也是由一个一个小小的梦想慢慢累积起来的。课前我要求大家阅读黄蓓佳的《今天我是升旗手》这本书，大家都读了吗？

生：读了。

师：下面我们来交流一下阅读感受好不好？

生：好！

师：文中主人公肖晓最大的梦想是什么？

生：他最大的梦想就是当一回学校的升旗手。

师：你是如何看待他的这个愿望的？

生1：很普通，看上去并不太难实现。

生2：肖晓的这个梦想也不是很容易实现的，也经历了许多挫折。

师：是啊，肖晓同学的这个愿望也许不能称为梦想，也许肖晓还有着更为崇高的理想，但在小学阶段，当一回升旗手就是他当时最大的梦想。

师：你们能回顾一下肖晓实现梦想的过程吗？

生1：小学三年级的学生才有资格当升旗手，第一次升旗，旗手理所当然是班长，肖晓是副班长，没戏。

生2：四年级，肖晓在"国旗知识竞赛"中名列前茅，当升旗手没问题，可他运气不好，偏偏在升旗那天生病了，错过了机会。

生3：五年级，肖晓聪明反被聪明误，别人摔了一跤，只蹭破了皮肤，一点点小伤，他却把人送进了医院，原来已定他是升旗手，又被换掉。

生4：升入六年级后，肖晓意外捡到了一笔巨款，间接救了一条人命，他因此获得了一次当升旗手的机会。

师：同学们读得真认真，是啊，一个小小的愿望，竟然如此一波三折。但是，肖晓在实现梦想的过程中有收获吗?

生1:实现梦想的过程虽然一波三折,但这么长时间的努力,换来的结果更值得珍惜。

生2:他明白了,要想真正成为一名升旗手,千万不能自作聪明,要真心实意地帮助别人。

师:梦想并不一定那么伟大,即使再大的梦想,也要从眼前一个个小梦想做起。从这本书中,你明白了什么?

生1:我们也可以为学习生活明确一个眼前的小目标。

生2:放在瓶子里的梦想可以称为我们未来的梦想,我们必须先做好眼前的事情,实现我们眼前的目标。

第四环节:追梦行动,从现在开始

师:同学们说得真好。其实,如果光有伟大的理想,却不从眼前做起,我们的梦想将变成空想,那是好高骛远。同学们,让我们紧紧握住装有我们人生梦想的瓶子,好好想一想,当前,我们应该确定哪些小目标,应该实现哪些小的梦想。

发放第二份信笺,学生书写自己近期的"梦想"——写给现在的我。

师:让我们大声朗读我们现在的目标。

学生朗读自己的近期梦想。朗读完毕,老师播放歌曲《我相信》,学生在歌曲中,将写有当前梦想的信笺,贴在事先布置好的教室里的"梦想墙"上。

师:同学们,人的一生要有梦想,要有远大的理想,只有这样,我们的生活才更有意义。但是,梦想不是一蹴而就的,为了实现我们一生的理想,我们必须完成好眼前的事情,制定好当前的目标,拥有一个像《今天我是升旗手》中肖晓一样的小小的梦想,我们的追梦过程才更实在。

[班会延伸]

1. 家长帮助孩子用玻璃瓶密封写有梦想的信笺,精心收藏孩子的梦想,并见证和监督孩子的追梦过程。

2. 班级"梦想墙"展示一段时间后,让孩子将自己写的"写给现在的我"的信笺带回家,贴在书房最醒目的位置,时刻提醒自己。

3月：安全

11. 食品安全我知道

◎ 江苏省仪征市新城小学 刘璐

[班会背景]

今天我值班，到校较早。刚刚进入教室，就发现两名男生小强和小恺在吃自带的早餐。调查得知，他们从早点摊上买煎饼吃。走近一看，薄面皮里裹着萝卜丝、肉末、榨菜条、果酱、葱花等，闻起来挺香。我也没有多问，就走开了。快十点的时候，班长王玲来告诉我，小强突然呕吐了。再一问，小恺一上午也跑了好几次厕所。回想起来，估计他俩的早餐出了问题。看来，食品安全教育的确不容小视。

[班会目的]

1. 认识食品安全的重要性，知晓引发食品安全问题的可能因素。

2. 通过情境模拟，引导学生提升食品安全认识，学会自我保护。

[班会流程]

一、班会导入

根据小强和小恺的反应来看，很明显属于食物中毒。对于这个事件，我们该怎么预防它再次发生呢?

班长汇报如何预防食物中毒：

1. 饭前便后要洗手；

2. 煮熟后放置 2 小时以上的食品，重新加热到 70℃以上再食用；

3. 瓜果洗净并去除外皮后再食用；

4．不购买、食用来路不明和超过保质期的食品；

5．不购买、食用无卫生许可证和营业执照的小店或路边摊点上的食品，尤其是这些店、摊上没有密封包装的食品；

6．不吃已确认变质或怀疑可能变质的食品；

7．不吃明知添加了防腐剂或色素而又不能肯定其添加量是否符合食品卫生安全标准的食品。

……

师：感谢班长的分享，本节班会就让我们一起探讨食品安全要特别注意哪些问题。

二、选购食品有窍门

师：我们该如何选择自己喜欢的食物？在选购食品时应注意哪些问题？

生1：到正规商店里购买，不买校园周边和街头巷尾的"三无"食品。

生2：购买正规厂家生产的食品，尽量选择信誉度较好的品牌。

生3：仔细查看产品标签。食品标签中必须标注产品名称、配料表、净含量、厂名、厂址、生产日期、保质期、产品标准号等，不买标签不规范的产品。

生4：注意看所选食品是否适合自己食用。

生5：不盲目随从广告，广告的宣传并不代表科学，是商家利益的体现。

……

（展示食品安全清单，播放视频，介绍"如何挑选自己想要的食品"）

师：同学们，在饮食方面，我们应该只选对的，而不选贵的。你们说得都非常棒，通过讨论，我们不仅了解了自己的口味，还都明确了一些食品安全防范措施。

师生共读食品安全顺口溜：食品市场真是好，鹅肝鲍鱼加凤爪。如果安全无保证，生活水平怎提高？一品二尝三吃饱，只怕吃坏厕所跑。有苦别往肚里咽，快到消协来举报。

三、健康饮食从小养

（播放小学生的饮食卫生习惯小视频）

师：可能还有许多同学饮食卫生习惯的场景没有捕捉到，不过，这个视频已经基本反映出我们很多同学日常饮食卫生习惯的真实情况。现在，请大家谈谈哪些是好的饮食习惯。

生1：白开水是最好的饮料，一些饮料含有防腐剂、色素等，经常饮用不利于少年儿童的健康。

生2：养成良好的卫生习惯，预防肠道寄生虫病的传播。

生3：生吃的蔬菜和水果要洗干净后再吃，以免造成农药中毒。

生4：尽量少吃或不吃剩饭菜，如果吃剩饭菜，一定要彻底加热，防止细菌性食物中毒。

生5：少吃油炸、烟熏、烧烤的食品，不吃无卫生保证的街头食品。

……

师：良好的饮食卫生习惯不但能避免身体不适，而且还可以对我们的健康成长起到积极有效的作用。让我们从小处做起，从现在做起，培养健康饮食好习惯，开心快乐好成长。

四、有营养胜过好口味

师：甜食是我们都非常喜欢的美味，特别是对小学生而言，甜食是我们许多同学的最爱，但是吃甜食是多多益善吗？

(播放过度吃糖对人体危害的视频)

五、老师总结

同学们，民以食为天，对于身体正在发育中的我们而言，食品安全尤为重要。通过本次班会讨论，希望大家在享受美味的同时，能养成健康饮食好习惯，增强安全饮食好意识，防患于未然，吃得放心，吃得健康！

3月：安全

12. 我为班级添光彩

◎ 江苏省仪征市实验小学 吴红梅

[班会背景]

新学期开始了，孩子们在竞选班委、分工合作的过程中起了争执，最苦最累的纪律委员和劳动委员无人问津。针对这一现象，为了培养学生爱集体、乐奉献、懂合作的意识，我组织了此次班会。

[班会目的]

1．通过回顾班级以往的精彩瞬间，引导学生感受集体的温暖，增强班级自豪感。

2．制作班级大树，引导学生深入理解班级与个人的关系。

3．通过本次活动，让学生明确自己的责任，懂得爱集体、乐奉献、懂合作的重要性，愿意为班级做贡献。

[班会流程]

(播放歌曲《众人划桨开大船》，课件展示学生参加拔河比赛的精彩照片)

师：此刻你们有什么感想？

生1：班级同学团结在一起力量大，才能取得集体荣誉。

生2：众人划桨能开大船。一双筷子轻轻松松被折断，十双筷子就可以牢牢抱成团，很难折断。

……

师：是呀，我们班集体就是这只乘风破浪的大船，需要每个桨手努力划桨，为我们的班级添光彩。

（出示班会主题：我为班级添光彩）

师：下面就请主持人出场，与老师共同主持这节班会课。

第一环节：回忆往事话今朝

甲（男主持人）：说起班级，我们的心头就会涌起阵阵暖流。

乙（女主持人）：说起班级这个家，那温馨幸福的甜蜜不言而喻。

甲：同学们请看大屏幕。

（展示班级集体照片一张。镜头从整体到局部展示班级照片、周围环境、班级文化布置、集体照等一系列照片）

乙：我们的班级怎样呢？

生：一提到我们班都很自豪，我们班可厉害了！

甲：今天，我们带来了许多有纪念性的东西，你们看看，这些都是什么？

（出示班级在各种活动中的奖状、证书）

乙：看到这些，我们情不自禁地想起大家齐心协力的情景。

（逐一介绍各种奖杯、奖状、荣誉证书的来历）

甲：看了这些奖杯、奖状、荣誉证书，你的心情是怎样的？让我们来聊聊此刻最想说的话。

…………

师：同学们说得很好，这些荣誉的取得是大家共同努力的结果，饱含我们每个队员的汗水，我们为取得这些成绩感到骄傲和自豪。我们深感集体的成功与集体中的每个成员的努力息息相关，密不可分。

第二环节：我与集体共荣辱

1．故事明哲理

乙：我们个人与集体的关系是怎样的呢？请听我们班的故事大王讲《一滴小水珠》的故事。

故事大王讲故事：

有一滴小水珠，从来没有离开过大海的怀抱，它对外面的世界非常好奇。一次偶然的机会，它被抛到了高处，刚被抛到高处时还有些害怕，但渐渐地，它就被眼前的情景吸引住了。炫目的阳光、亮丽的彩虹、湛蓝的大海，它陶醉了，没想到空中的景色这么美！小水珠在微风的吹拂下飘呀飘呀，忘却了一切。这时，传来了海妈妈焦急的声音："小水珠，快回来，太阳会把你晒干的！"小水珠满不在乎地回答："妈妈，我再玩会儿，这儿太美了……"可还没等它说完，一束强烈的阳光照过来，小水珠瞬间消失得无影无踪。

甲：为什么小水珠离开大海的怀抱后，会马上消失？

生：小水珠离开了大海的怀抱，没有了集体的力量，所以很快消失得无影无踪；一个人离开了集体，自己的力量是那么微不足道。

乙：如果小水珠不想在这个世界上消失，它该怎么办？

生：回到大海的怀抱。

师：小水珠的力量单薄，无法抵御强烈的太阳光，很容易被蒸发掉。回到大海就不一样了，那里有无数的小水珠，它们紧紧团结在一起，共同抵御太阳光，所以没有那么容易被蒸发掉。由这个故事联想到我们自身，我们个人与班集体的关系是不是也像小水珠与大海的关系一样呢？

生：是的！

师：一滴水，只有放进大海才不会干涸；一个人，只有融进集体，才能展现他的才华和生命的价值。对于"班级"这个概念，我们又该怎样理解呢？

2．游戏懂团结

甲：请大家来做个小游戏。游戏的名字叫：盲人运输。我给大家介绍一下游戏规则：蒙上眼睛将箱内的彩色粉笔搬运到另外一些箱子内，并按不同颜色分别装箱。以六人一小组进行合作，允许一人做明眼指挥。

（学生分组做游戏，评出优胜者）

乙：我们很想知道获胜者的想法，让我来采访采访。刚才你们小组在游戏中表现出色，你们能谈谈当时的心情吗？

生：我们小组有计划、听指挥，合作默契，我们取得胜利感到很愉快。

甲：原来还是集体的力量大，个人的力量毕竟有限，这就需要我们依靠集体来完成任务。与此同时，为集体出力，为集体争光，会让我们品尝到快乐，集体也因而更加进步。

3. 活动促认识

师：我们这个优秀的班级是由一个个出色的学生组成的，就像一首诗里说的，同学们想听吗？请欣赏诗朗诵。（出示：《我是——》）

学生小组合作诗朗诵：

班级是——沙漠，我就是——一颗沙粒；班级是——草地，我就是——一棵小草；

班级是——海洋，我就是——一滴水珠；班级是——天空，我就是——一朵白云……

师：假如班级是一棵大树（贴出树干），那么我就是……

生：一片树叶。

师：课前，大家已经制作出显示自己特长的"树叶名片"。请大家展示出来。

师：形态各异的"树叶们"，介绍一下自己吧！

生1：我叫某某，我性格活泼，喜欢运动。

师：一片活泼开朗的树叶！请在班级大树上找到自己的位置，贴上。

生2：我是个乐天派，走到哪里就会笑声一片。

师：原来是个开心果呀！请贴到班级大树上吧！

生3：我的兴趣爱好很广泛，我喜欢和人交朋友，你们愿意和我交朋友吗？

师：我相信，大家都愿意和真诚的你交朋友。请为班级大树增添绿色吧！

…………

师：班级大树离不开每一片树叶，让我们都来贴上自己的叶子，让班级大树枝繁叶茂。

（学生分组有秩序地贴树叶）

师：看，这棵树上有你，有我，有他，长得多么茂盛！看着这棵班级大树，你有什么感想？

生1：因为有了我们，班级大树才会枝繁叶茂。

生2：大树离不开树叶制造养分。

生3：我们为班级大树多做贡献，让它长得更葱翠。

第三环节：我与班级共成长

1. 班级给予我成长

师：班级给予我们许许多多。想一想，班集体这棵大树给了我们哪些成长的营养？

生1：我从集体生活中得到了友谊和温暖。

师：你能跟我们说说当时的情况吗？

生1：阑尾炎发作时，疼得我直冒冷汗，老师和同学们知道后，帮我打电话，还在一旁安慰我，让我感到无比温暖。等我病好以后，大家都送上精心制作的贺卡，鼓励我。好朋友还轮流帮我补习落下的功课，我一直很感动。

师：这个集体就像大家庭，给了你温暖。

生2：我从集体生活中学会了互帮互助。

师：你能说得更具体点吗？

生2：我学习偏科比较严重，于是，我和几位同学组成了学习小组，我们平时互相学习，共同进步，现在我的各门功课都不错。

生3：我从集体生活中获得了积极进取的力量。

师：你能跟我们分享那个时刻吗？

生3：记得那次参加竞选大队委的演讲，我紧张得透不过气来了。这时，我看到了我们班的啦啦队在那儿高举着"加油"的牌子，竖着大拇指鼓励我，我立刻精神抖擞，顺利地完成了演讲。

师：集体给了你无穷的力量……

2. 我为班级造养分

师：就像大树需要树叶光合作用制造养分一样，我们的班级要靠我们每个人来建设。

师：回忆一下，你曾经为班级做过哪些事情？出过什么力？

生：我认真地做好值日，让班级干净整洁。

师：你真是个有责任心的孩子！

生：我是班长，我主动承担管理班级的任务，让班级获得星星红旗。

师：你关心集体，懂得维护集体荣誉。

生：我积极参加活动，为班级获得比赛第一名的好成绩。

师：优秀的班集体有你一份功劳！同学们为班级做的点点滴滴，就像每一片树叶不断地为大树制造养分。

3．明辨是非断责任

师：我们一起欣赏小品《废纸飞出窗外》。

我班是学校的卫生先进集体，一次美术课后，同学扔了很多手工制作的废纸，正巧学校卫生员检查卫生，于是他们偷偷把纸顺窗户扔了出去，正巧扔到了别的班的保洁区，瞒过了检查，获得了卫生优胜。

师：让我们静下心来想一想，用这种行为来维护集体荣誉，你认为妥当吗？为什么？

生：集体的荣誉固然很重要，然而集体的荣誉必须以正当的行为来维护，才是真正为集体增光添彩。

第四环节：我为班级添光彩

师：现在，我们还可以为打造优秀班集体，提升班级文化品位再做些什么呢？让我们为班级再设计一些特色吧。

师：先在四人小组里讨论，收集"金点子"。

（学生小组讨论）

师：让我们来交流一下。

生：我们可以设计班徽班旗，这是我们班的标记。

师：好主意，班徽班旗使我们的班级更有凝聚力！借鉴他山之石，启发我们的创意！先来欣赏别的班级在这方面的创意。

（展示图片）

生：书写励志语，张贴在墙上。

师：是呀，励志语能让大家不断进步！

生：创作班歌，集体活动的时候唱一唱。

师：不错的金点子，就像我们的校歌一样，班歌能把我们的班级精神唱出来。

生：写诗歌赞美班级，把我们对班级的爱抒发出来。

师：赞美诗能使班级更团结，让大家感到无比幸福！

师：心动不如行动！依据自己的兴趣爱好和特长，我们来重新分组：书法小组写励志语，绘画小组画班徽班旗，音乐小组创作班歌，写作小组写赞美诗。

（摆放好各小组的牌子，学生依据自己的兴趣、特长，自由分组，用准备好的各种材料做一做，合作设计）

师：让我们上台展示自己的成果。

（书法小组展示励志语——"持之以恒"，贴在大树旁）

师：好棒的书法！你能说说写这句励志语的想法吗？

生：我们希望大家做任何事情都能持之以恒，不能半途而废。

师：好鼓舞人的语言！

（写作小组朗诵赞美诗，并说说自己的希望）

师：多美的语言！多棒的班级！

（多名绘画小组成员展示班徽班旗，并介绍自己的创意）

师：含义深刻，各有特色。课后，我们通过投票，选出最棒的一个确定为我们班的班徽班旗。

（音乐小组唱班歌）

师：掌声响起来！他们把咱们班奋发进取的精神唱出来了！课后，我们把歌词抄下来，一起来学唱，好吗？

师：刚才我们只展示了一部分，还有的小组需要课后继续，希望同学们为提升班级文化品位，课后多努力。

师：这棵班级大树，因为有了我们，长得多美呀！在以后的日子里，相信大家会齐心协力，将我们班级打造成拥有更多特色的优秀班集体。请班长上台接受这棵班级大树，课后，请贴在班级墙上。（教师双手捧着班级大树授给班长）

班会小结

同学们通过这节班会懂得了个人与集体的关系，它们紧密联系密不可分。班级是一个生命体，我们就是其中鲜活的血液，我们要不断地为这个生命体输送养分，让她健康成长。作为共产主义接班人的我们不仅要有集体荣誉感，还要付诸行动，凡事从我做起，从身边的小事做起，关心集体，爱护集体，齐心合力，共同努力为集体增光彩。

[班会延伸]

请同学们在日常生活中做到以下两点：

1. 留心观察，发现班集体存在的问题，并做好记录，设想一些解决方案。

2. 依据自己的特点，设置班级岗位，并做好规划，为班级建设做贡献。

4月:传承

13. 走近清明

◎ 江苏省连云港市赣榆县实验小学　吴静

[班会背景]

问题就是课题,问题源于生活。学习生活中经常出现这样的情景:学生不明白清明节为什么要扫墓,每年的清明节孩子们都觉得和自己没有关系,也不知道自己该做些什么……随着时代的发展,很多孩子都已经不知道中国的一些传统节日及习俗了。本节班会,旨在通过清明节的主题教育,让同学们了解清明节是中国的一个传统节日,了解清明节的由来和清明节的一些习俗。通过这次主题教育,带领学生缅怀先烈,知道自己现在的幸福生活来之不易。

[班会目的]

1．了解清明节的由来及纪念意义。

2．了解清明节有哪些习俗。

3．背诵有关清明的诗句。

4．激发学生的爱国主义情怀,感悟革命先烈无私奉献的崇高精神。

[班会流程]

师:今天,我们开展"走近清明"主题班会。希望同学们能够在班会中有所收获。有请今天的两位主持人上场,同时预祝班会获得成功。

一、回首篇

甲:春天是大地复苏、春意盎然的季节。

乙：春天是最令人感动和向往的季节。

甲：祭扫烈士墓，缅怀革命先烈，人们不会忘记！

乙：看烈士事迹，学烈士精神，人们也不会忘记。

甲：让我们永记先烈的英勇和今天美好生活的来之不易！

乙：我宣布"走近清明"主题班会——

甲、乙（合）：现在开始。

甲：同学们，你们知道2019年4月5日是什么节日吗？

乙：对，那天是我们一年一度的清明节。清明节是我们中国人传统的纪念祖先的节日。说起清明节的来历，我们就会想起一个人——介子推。

甲：下面，让我们来听一听介子推的故事吧。（一位学生上场讲述《介子推》的故事）

    谈到清明节，人们都会联想到历史人物介子推。据历史记载，在两千多年以前的春秋时代，介子推跟随晋国公子重耳逃亡在外，生活艰苦，后来，重耳回到晋国，做了国君，是为晋文公。他封赏了所有跟随他流亡在外的随从，唯独介子推拒绝接受封赏，他带着母亲隐居绵山，不肯出来。

    晋文公无计可施，只好放火烧山。他想，介子推孝顺母亲，一定会带着老母亲出来。谁知这场大火却把介子推母子烧死了。为了纪念介子推，晋文公下令，每年的这一天，禁止生火，家家户户只能吃生冷的食物，这就是寒食节的来源。

    寒食节是在清明节的前一天，古人常把寒食节的活动延续到清明，久而久之，人们便将寒食与清明合二为一。现在，清明节取代了寒食节，拜介子推的习俗，也变成清明扫墓的习俗了。

二、调查篇

乙：原来，清明节的来历是这样的。我也想考考同学们，你们知道清明节有哪些习俗吗？（以采访的形式请同学介绍清明节习俗，交流自己搜集到的关于清明节的资料）

生1：荡秋千。这是我国古代清明节习俗。秋千，意即揪着皮绳而迁移。它的历史很古老，最早叫千秋，后为了避讳，改为秋千。古时的秋千多用树丫枝为架，再拴上彩带做成。后来逐步发展为用两根绳索加上踏板的秋千。荡秋千不仅可以增进健康，而且可以培养勇敢精神，至今为人们特别是儿童所喜爱。

生2：蹴鞠。鞠是一种皮球，球皮用皮革做成，球内用毛塞紧。蹴鞠，就是用足去踢球。这是古代清明节时人们喜爱的一种游戏。

生3：踏青。踏青又叫春游。古时叫探春、寻春等。三月清明，春回大地，自然界到处呈现出一派生机勃勃的景象，正是郊游的大好时光。我国民间有着清明踏青的习惯。

生4：放风筝。放风筝也是清明时节人们喜爱的一种活动。每逢清明时节，人们不仅白天放，夜间也放。夜里在风筝下或风稳拉线上挂上一串串彩色的小灯笼，像闪烁的明星，称为"神灯"。过去，有的人把风筝放上蓝天后，便剪断牵线，任凭清风把它们送往天涯海角，据说这样能除病消灾，给自己带来好运。

甲：谢谢同学们为我们做的介绍，现在，我又多了一些关于清明节的知识。

乙：自古以来，清明扫墓不光是祭祀自己的祖先，对历史上为人民立过功、做过好事的人物，人民都会纪念他们。清明节祭扫烈士墓和革命先烈纪念碑，已成为我们接受革命传统教育的一种形式。

甲：在这清明时节，让我们缅怀他们，让我们去烈士陵园走一走，看一看。

三、缅怀篇

1. 介绍烈士陵园

甲：你还知道哪些革命先烈的事迹？

乙：我知道的革命先烈的名字太多了，有舍身炸碉堡的董存瑞，有为了掩护大部队被烈火焚身的邱少云，还有一个和我们差不多大的小英雄王二小。

甲：专门有一首歌就是歌唱王二小的，让我们来听一听吧。

2. 播放《歌唱二小放牛郎》

3. 说说还有哪些值得我们缅怀的英雄

甲：松涛阵阵，那仿佛是先烈们发出了欣慰的微笑。

乙：先烈们，如果你们在天有灵，就请你们看一看你们用鲜血浇灌出的美丽的鲜花吧！

4．合唱《五月的鲜花》

甲：历史刻在石头上的记录可以随着时间的流逝而渐渐消失，但刻在人们头脑中的记忆却永远清晰。

乙：有形的纪念碑可能会垮掉，但人们心里的纪念碑却永远屹立。

甲：我们不会忘记！

乙：我们怎能忘记！

四、誓言篇

甲：我们是21世纪希望的太阳。

乙：历史将革命的接力棒传给了我们这一代人。

甲：今天，我们以革命事业接班人的名义承诺——

甲、乙（合）：请听我们的宣誓。

全体学生宣誓：捍卫神圣宪法，维护法律尊严，履行人民义务，承担社会道义，国家昌盛为先，人民利益至上，热心公益，奉献社会，无愧祖国培育，勤勉自励，奋发有为，不负长辈厚望，以我壮志激情，创造崭新未来，以我火红青春，建设锦绣中华。

甲：让我们记住这郑重的承诺。

乙：让先烈的鲜血染红的旗帜永远飘扬在祖国的蓝天！

甲：一个特殊的日子，一个难忘的节日，请欣赏配乐诗朗诵。

五、祝愿篇

1．朗诵清明的诗句（略）

2．老师的祝愿

甲：诗人们用诗纪念这特殊的日子。

乙：我们要好好学习，将来贡献我们的力量。

甲：请听老师对我们的祝愿。

师：孩子们，你们是祖国的希望、民族的希望，未来需要你们，让我们牢记我们祖国的传统节日，让我们在细雨纷纷的时节走近清明，走近我们的英雄，让他们的英雄事迹永远流传，让我们的爱国情怀永远流淌！

甲：清明的来历和习俗，我们记在心里。

乙：先烈的爱国情怀在我们身上延续。

甲：让我们继承先烈的遗志，为祖国的繁荣富强而努力学习，共创美好明天！

甲、乙（合）：我宣布，"走近清明"主题班会到此结束。

六、总结篇

师：今天，在"走近清明"主题班会中，同学们既了解了清明节的一些知识，又知道了一些为祖国为人民抛头颅、洒热血的革命先烈的事迹。我们不应该忘记，今天的幸福生活多么来之不易，我们的生活是无数革命先烈用生命和鲜血换来的，先烈们的精神永远值得我们学习。希望你们能发扬先烈们的革命精神，在今后的学习和生活中做一个正直无私的人，长大为祖国做贡献。

4月：传承

14. 我心中的英雄

◎ 浙江省桐乡市濮院小学教育集团翔云小学　朱建婷

[班会背景]

每年清明节前后，学校都会组织学生去当地的英雄纪念碑、烈士陵园等地开展缅怀先烈的活动。但是对于大多数学生来说，只是"参加"了这个活动，却没有真正参与。何谓参加？何谓参与？"参加"指学生置身于活动中，而"参与"则是指学生投身于活动中。一个是被动的，一个是主动的；一个可能游离于情境之外，一个则是有体验、有感悟。

因此，面对"英雄"这个高大上而又离学生比较远的话题，班主任老师必须寻找一个结合点，让"英雄"与学生的生活相联系，让学生知道英雄就在身边，我们也可以成为英雄。

[班会目的]

1. 了解从古至今、由远及近的英雄人物和英雄事迹，感受英雄就在身边。

2. 从自身做起，从现在做起，从身边的小事做起，以英雄为榜样，刻苦学习、努力拼搏，从小练就过硬的本领，将来报效祖国、服务社会。

3. 通过各种形式的活动，引导学生学习历史人物的英雄气节，继承前辈们的优良传统，将英雄精神化为学习的动力。

[班会流程]

师：2019年4月5日是什么节日？

生：清明节。

师：清明节，学校会放假一天，这一天，你做了什么？

生：我和爸爸妈妈去扫墓，祭奠自己的祖先。

师：放假前，学校也会组织一些关于清明节的活动，还记得有哪些活动吗？

生：网上祭奠英烈和去西栅景区茅盾园陵祭奠文学巨匠茅盾。

师：是啊，每年的清明节，全国各地的学校都会组织同学去祭奠革命先烈——我们心中永远的英雄。

第一环节：识真心英雄

师：你觉得怎样的人可以称为英雄？

生：为维护祖国和人民的利益不怕牺牲，为社会做贡献，帮助别人，做了一些了不起的事……

师：其实英雄的含义远不止于此，每个人都有自己对英雄的独特理解，每个人心中都有自己的英雄。老师让大家课前搜集了资料，谁来说一说你心中的英雄是谁？为什么你觉得他是英雄？

生1：岳飞是我心中的英雄，他对抗金兵，精忠报国。

生2：林则徐是我心中的英雄，为了国家和人民虎门销烟。

生3：郑成功收复了台湾，他是我心目中的英雄。

生4：文天祥是我心中的英雄，他拒绝元朝劝降，坚守气节。

生5：董存瑞、邱少云、黄继光是我心中的英雄，他们为了新中国牺牲了自己的生命。

…………

师：在浩瀚的历史长河中，涌现出多少英雄豪杰，传颂过多少可歌可泣的英雄故事啊！课前，我们分了四个小组搜集英雄的故事，下面请各个小组汇报。

第二环节：论古今英雄

第一小组：保家卫国的英雄

主持A：为了生存，也为了将革命的"星星之火"燃遍中国大地。

主持B：英勇的战士毅然选择了艰苦的长征之旅。

主持A：一部二万五千里的浩瀚史诗由此诞生。

主持B：七百二十个日日夜夜，展开了万水千山立体交叉的磅礴画卷。

主持A：一种精神震惊了全世界，濒临绝境的旧中国柳暗花明。

主持B：这条英雄的路啊，勇往直前——

主持A：在中国作家魏巍的笔下，长征是"地球的红飘带"。

主持B：在美国作家索尔兹伯里笔下，长征是"前所未闻的故事"。

主持A：在埃德加·斯诺的笔下，长征是"惊心动魄的史诗"。

主持B：在毛泽东的笔下，长征是宣言书，长征是宣传队，长征是播种机。

（组员齐诵《七律·长征》）

主持A：1934年至1936年，中国工农红军以血肉之躯谱写了人类历史上无与伦比的英雄史诗：二万五千里长征。

主持B：让我们记住那些长征路上的英雄吧，记住他们的无畏和坚韧。

主持A：金沙江和大渡河的水、岷山的雪、乌蒙山溅起的颗颗泥丸见证着这段历史。

主持B：14个省市、18座大山、24条河流刻下了英雄的足迹。

主持A：他们就是我们心中的英雄！

主持B：让我们为他们谱写一曲赞歌吧！

（组员齐唱《英雄赞歌》）

第二小组：乐于助人的英雄

（小组齐唱《学习雷锋好榜样》一小段）

主持C：从我们的歌中，大家有没有猜出我们心中的英雄人物？

全班齐答：雷锋。

主持D：雷锋叔叔虽然离开了我们，但他的精神却闪耀在祖国大地上，闪耀在校园的每一个角落。

主持C：今天就让我们重温一下雷锋的故事。

（讲故事：《雷锋出差》）

主持D：同学们，雷锋的故事当然不止这一个！他向我们展示了什么是全心全意为人民服务。

主持C：雷锋精神值得我们学习。在社会上，在我们同学中，也涌现出了许许多多像雷锋一样助人为乐的英雄。

第三环节：寻身边英雄

第三小组：贡献知识的英雄

(展示屠呦呦的照片)

主持E：我们心中的英雄就是她，你们认识吗？

全班齐答：屠呦呦。

主持F：屠呦呦是第一位获得诺贝尔科学奖项的中国本土科学家，是第一位获得诺贝尔生理学或医学奖的华人科学家。

主持E：2015年10月，屠呦呦因发现青蒿素可以有效治疗疟疾获诺贝尔生理学或医学奖。

主持F：为我国科学技术发展做出杰出贡献的英雄人物还有很多很多，谁能来说一说？

生1：中国太空飞行第一人杨利伟。

生2："中国导弹之父""中国航天之父"钱学森。

生3：建造京张铁路的詹天佑。

……

主持E：这些我们熟悉的科学家，不但为国家的科技发展做出了贡献，更为人类发展贡献了智慧，所以他们是我们心中的英雄。

第四小组：身边平凡的英雄

主持G：今天我要读一篇来自海宁市二年级学生朵朵的一篇日记。

爸爸，你再不陪我，我就长大了

我的爸爸是一个警察。爸爸个子高高的，长着一双炯炯有神的眼睛，笑的时候眼角布满皱纹。

爸爸是一个工作狂。不是加班就是值班，不是值班就是开会，不是开会就是出差。

爸爸的工作很辛苦，经常三天两头、没日没夜地在单位加班到深夜，然后拖着疲惫的身子回家。所以,他长了好多白头发。

爸爸很少有时间陪我。那天,我和往常一样,打电话问他回家吗,他的回答还是单位有事要加班,可是我已经三天没见到他了,我哭着喊着对爸爸说:"要见你一面这么难吗?"妈妈也哭了,爸爸沉默了。

爸爸真的超级忙。上个礼拜,水车模型的材料买好了,可是爸爸又出差抓坏人去了。我等啊等,转眼就是一个礼拜了,他还是没有回来,我急得像热锅上的蚂蚁——团团转。看来水车模型没有戏了,我又失落又沮丧。

唉!爸爸,你再不陪我,我就长大了。

主持H:朵朵的爸爸就是我们寻找到的、我们身边最平凡的英雄,为了保卫每一个人安全,默默坚守着自己的岗位。

主持G:这样平凡的英雄在我们身边还有很多很多。吴菊萍徒手接住坠楼女童,网友们赞誉她为"最美妈妈";在车祸中救学生,自己却被撞成重伤的"最美女教师"张丽莉,也是英雄。

主持H:每天为我们带来整洁环境的城市美容师,每天奋战在生死一线的白衣天使,每天抚育着花朵的辛勤园丁,等等,他们都是我们身边的平凡英雄。

第四环节:做心中英雄

师:四个小组的调查汇报,让我们了解到每个人对"英雄"不一样的诠释。那么,英雄到底具有什么共同的特质呢?

生:助人为乐、保家卫国、为国增光、为他人默默奉献、坚守自己的岗位……

师:其实英雄很平凡,但又不平凡。他们不管在做什么事情,心里永远想到的是他人,是社会,是国家。忆往昔,说不尽我们对先烈们的无限怀念;看今朝,唱不完我们对明天的无限憧憬;展未来,我们信心百倍。在鲜艳的国旗下长大的我们,应该怎样向英雄学习呢?请你联系自己的生活、学习说一说。

(分小组讨论,集体交流,分享自己的观点)

生:努力学习,用知识为祖国增光;在别人需要帮助的时候,帮助他们;每天把自己的卫生责任区搞好;认认真真学习、写作业……

师:同学们,那一个个英雄,给予了我们无穷的力量;那一个个故事,说不完我们的思念；那一首首赞歌，唱不尽我们的崇敬。就让我们把自己的感受用文字记录下来、吟诵出来吧！下节课我们将举行演讲比赛。

(学生写《我心中的英雄》活动感受)

班会小结

同学们，无数英雄用美好的青春，用闪光的年华，为我们的幸福生活奉献着。让英雄永远留在我们心中，伴在我们身旁，激励我们成长。同学们，让我们以先烈为楷模，传递英雄的精神，用我们的行动让国旗更鲜红、五星更闪亮。

[班会延伸]

每位同学写《我心中的英雄》活动感受，准备演讲比赛。

5月：家国

15. 国家大事知多少

◎ 江苏省仪征市张集小学　牛立强

[班会背景]

2016年10月17日7时30分，我国在酒泉卫星发射中心成功发射了神舟十一号载人飞船，一大早，孩子们就开始议论此事。正好这一天是星期一，国旗下讲话的主题也是"关注神舟十一号，做爱祖国的好少年"。我觉得这是一个非常好的爱国主义教育的契机，于是，立即布置孩子们搜集我们祖国神舟系列卫星发射的相关新闻，并在本周的周末班会上，以中国航天事业的发展为主要内容，开展一次生动的爱国主义教育主题班会活动。

[班会目的]

1. 了解神舟十一号载人飞船发射情况。

2. 了解中国航天事业的基本情况，增强民族自豪感。

3. 从对航天英雄的了解，感受他们献身祖国航天事业的伟大，引导学生从小树立报国志向。

[班会流程]

班会导入

师：同学们，在10月17日，中国又完成了一件举世瞩目的大事你们知道是什么吗？（展示神舟十一号顺利升空的新闻）

活动一：走近神舟十一号

(播放10月17日上午我国神舟十一号载人飞船发射的视频)

师：同学们，知道这是什么画面吗？说说你对神舟十一号飞船发射情况的了解。

生：神舟十一号飞船是中国于2016年10月17日7时30分在中国酒泉卫星发射中心发射的神舟载人飞船，目的是更好地掌握空间交会对接技术。

师：空间交会对接技术？

生：是的，今年9月，我国成功发射天宫二号空间实验室。这次神舟十一号飞船与天宫二号将要进行自动交会对接。航天员景海鹏、陈冬将进入天宫二号。

师：真了不起，在茫茫的太空里，航天员居然要从神舟十一号进入天宫二号实验室。

生：景海鹏他们几个航天员要在神舟十一号飞船和天宫二号实验室里待上30天，比神舟十号的15天翻了一倍。他们要在太空做各种科学实验。

师：你们了解得还真多啊！你们还知道有关我国神舟号飞船发射的哪些知识？和大家分享分享！

生：我知道我国第一个登上载人宇宙飞船的航天员是杨利伟叔叔，他乘坐的是神舟五号飞船。他也是我们的航天英雄！

生：我国第一个女航天员是刘洋，她是在2012年搭乘神舟九号宇宙飞船前往太空，她真了不起。

活动二：细数航天大事

师：看来同学们课前查阅了不少资料。中国的载人航天事业虽然起步较晚，但我们一步一个脚印，正在迎头赶上，并逐步成为举世瞩目的航天大国。请看我国载人航天事业发展的简要历程。

(课件展示我国载人航天事业发展的简要历程)

师：从1999年11月的神舟一号升空，到2016年10月的神舟十一号顺利升空，看了这样的经历，你有什么想说的？

生1：祖国真了不起，居然发射了这么多的宇宙飞船。

生2：那些航天员是我们心中的英雄。

生3：不可思议，太厉害了。

生4：我们的国家发展太快了，我真骄傲！

活动三：关注航天英雄

师：谁能说说，随着我国载人航天事业的飞速发展，我国有哪些航天员曾经登上太空？

生1：杨利伟。

生2：费俊龙、聂海胜。

生3：刘洋。

师：你们知道他们的成长故事吗？

（学生讲述航天员的故事，重点讲述杨利伟）

活动四：点赞伟大中国

师：载人航天事业只是我们伟大祖国繁荣发展的一个缩影。事实上，新中国成立以来，特别是改革开放以来的几十年时间里，我们的祖国各方面都发生了翻天覆地的变化。同学们，你们还能说出哪些令我们每一个中国人自豪的事情呢？

生1：我知道，中国北京于2008年举办了夏季奥运会，这一届奥运会，我国运动员取得的金牌位居第一。

生2：在2016年的巴西奥运会上，中国女排又一次获得了奥运冠军。

生3：听爷爷奶奶和爸爸妈妈说，我们现在的生活和以往相比，一年一个样，发生了翻天覆地的变化。

…………

师：是啊，我们伟大的祖国，在中国共产党的领导下，取得了一个又一个的骄人成绩，生活在今天的我们是幸福的，更是自豪的。请听诗朗诵《我的祖国》。

（学生朗诵）

师：面对如此强大的中国，作为小学生的我们，在感到骄傲的同时该如何去做呢？请结合自己的生活实际，写下你的心愿卡。

（播放音乐《红旗飘飘》，在音乐声中，张贴学生的爱国心愿卡）

[班会延伸]

继续交流新中国成立以来的伟大成就、重大事件。

5月：家国

16. 青山绿水家乡美

◎ 江苏省仪征市张集小学　牛立强

[班会背景]

2021年，世界园艺博览会将在扬州举办，园区选址就在枣林湾生态园核心区。2018年9月，浙江省园艺博览会在我们家乡仪征枣林湾顺利举办。我觉察到这是一次组织爱家乡主题班会活动的极好契机。

一直以来，学生们对家乡仪征美好形象的认识是模糊的，他们对家乡的认识是：不太多的人口，不太大的县城。单纯的热爱家乡的说教无法激起孩子们对家乡发自内心的热爱和赞美，更难以激起他们对家乡的自豪感。我决定立刻做好主题班会的相关准备工作，让孩子们深入家乡，通过参观、查阅资料等形式，建立起对家乡直观的印象，再通过主题班会进行集中交流碰撞，让仪征的美好形象在孩子们心中深深扎根。

[班会目的]

1. 全面了解家乡仪征的人文历史以及经济文化发展的新成就。

2. 让学生走进社会，培养他们通过参观、寻访、查阅资料等多种形式获得信息的能力。

3. 引导学生在最直观的体验中，认识、赞美家乡的美好形象，为家乡自豪。

[班会流程]

班会导入

师：2018年9月28日至10月28日，第十届江苏省园艺博览会在我们仪征隆重举行。教育局也分批组织中小学生前往美丽的枣林湾共同见证这一世纪盛会。谁来说一说你所知道的江苏省园艺博览会？

生1：我知道这次园艺博览会是第十届江苏省园艺博览会。

生2：我知道本次园艺博览会的主题是"特色江苏，美好生活"。

生3：本次园博会，浓缩了不同地貌的全域江苏，依照太湖、运河、长江、滨海、古黄河五大文化板块布置，串联主展馆、园冶园、民俗文化村三大主体建筑和十三座城市展园。

师：同学们知道得真多！看来，这次枣林湾园博会游园活动，让我们收获颇丰啊！同学们，你们知道吗，2021年，仪征将代表扬州再次承办世界园艺博览会，园区选址仍在我们枣林湾生态园核心区，占地面积将达到220公顷，预计将接待国内外游客约1100万人次。展期初定为2021年4月至10月，主题初步定为"绿色城市，健康生活"，规划设置国际、国内展园80余个，建设多个主题场馆，展示世界园艺的多样性，打造互动丰富的观展体验。活动前，老师布置大家去搜集世界园艺博览会的相关资料。我们汇报一下，好吗？

生1：世界园艺博览会，简称世园会，是由国际园艺花卉行业组织——世界园艺生产者协会(AIPH)批准举办的国际性园艺展会，是一个历史悠久、影响较大的专业性国际博览会。

生2：世界园艺博览会被称为世界园林园艺领域的"奥林匹克"。

生3：由于世园会能给举办地带来巨大的国际影响和综合效益，因此吸引了全球许多城市积极申办。1999年以来，世园会先后在我国昆明、沈阳、西安、青岛等城市举办。

生4：2018年4月至10月，唐山世园会隆重举办。另外，北京承办了2019年世园会。

师：同学们说得太好了，同学们课前已经查阅了详细的有关世界园艺博览会的资料。对于仪征枣林湾能成为世界园艺博览会的承办主场，你们有什么想说的？

生1：没有想到，我们小小的仪征居然能承办如此盛大的世界性博览会。

生2：原来我们仪征在世界上也很有地位。

师：是啊，我们仪征不仅有美丽的枣林湾，还有很多我们大家不知道的却足以令仪征人自豪的东西。

美丽仪征，从枣林湾生态园说起

（播放仪征风光和枣林湾生态园宣传片）

师：课前，我们的"旅游仪征"寻访小组又分成了若干小队，利用节假日走遍了各个乡镇。下面请他们给大家汇报寻访成果。

组长：仪征自古就有"风物淮南第一州"的美誉。这一周，我们"旅游仪征寻访小组"各小队成员在爸爸妈妈的陪伴下，对仪征的各处风光进行了分头了解。

生1：我们小队首先来到了正在举办江苏省第十届园艺博览会的枣林湾生态园。请同学们先看一段枣林湾生态园的宣传片。（播放宣传片）

生1：仪征市枣林湾生态园建成于2007年4月，现为全国首批中日技术合作环境教育基地试点单位、江苏省旅游度假区、江苏省首批现代农业科技园、江苏省现代农业产业园、江苏省环境教育基地和江苏省重点打造的10万亩丘陵山区农业综合开发示范基地之一。

生2：枣林湾生态园是一个非常大的生态旅游公园，包括枣林山庄、枣林渔村农家乐、芍药园、环仪珍禽园、红山体育公园等旅游观光景点，是一个集生态农业、旅游、美食、健身为一体的大型现代生态农业观光园。下面请同学们欣赏我们拍摄的枣林湾生态园的各景区图片。（展示图片）

师：同学们，听了他们的介绍，你们有什么感受？

生3：枣林湾真漂亮！

生4：看了环仪珍禽园的照片，我才知道，我们仪征居然还有如此好的野生动物园，以后看动物不用跑远了。

生5：枣林湾真是我们仪征人的骄傲啊！

组长：美在仪征，美不止于此！

生1：我们还了解到，美丽的仪征值得我们玩的地方可真多啊，比较有名的有捺山地质公园、庙山汉墓、天乐湖度假区，还有声名远扬的润德菲尔庄园。

生2：我还了解到，仪征历史上曾有过非常有名的真州八景：北山红叶、东门桃坞、南山积雪、胥浦农歌、资福晚钟、天池玩月、仓桥塔影、泮池新柳。由于历史的变迁，现在只有仓桥塔影和泮池新柳还能依稀看到旧时美景的风貌。

师：同学们，节假日里，我们花费大量的金钱和时间到全国各地旅游时，可别忘了我们身边还有如此多且美丽的景区值得我们去看一看、玩一玩。

美食仪征，从陈集大椒盐说起

师：同学们，吃过我们仪征著名的吾妈妈大宅院饭店门口的烧饼吗？

生：吃过，那是我们仪征赫赫有名的陈集大椒盐，可好吃了。

师：请"美食仪征"寻访小组介绍陈集大椒盐。

生1：大椒盐是一种烧饼，油酥多、芝麻香。

生2：陈集大椒盐烧饼的制作工艺流程是：烫肥，扳碱，搓压，加酥，放葱末，小盐，成形后撒芝麻，烘烤，涂油。（边介绍边播放大椒盐制作视频）

生3：在仪征，陈集大椒盐算是家喻户晓。它是传统美味，是扬州收录的第一批非物质文化遗产之一。很多身处异乡的仪征人，一想起仪征，都会想起美味的陈集大椒盐。

师：是啊，所以有人说，陈集大椒盐是一种乡愁，它寄托了仪征人对美丽仪征的一种最美的回忆。除了陈集大椒盐，你们还寻访到了哪些仪征美味？

生1：马集岔镇盐水鹅，还有新集小兵盐水鹅，代表了仪征盐水鹅的最高水平。

生2：十二圩茶干闻名全国。

生3：还有新城猪头肉，肥而不腻，让人回味无穷。

生4：油港龙虾每年吸引了大量的市内外的游客……

师：不说不知道，原来我们仪征还有这么多令人垂涎三尺的地方美味。

文化仪征，从仪征名人盛成说起

（播放扬子公园盛成广场的相关图片，最后定格在盛成的雕塑像上）

师：请"文化仪征"寻访小组介绍盛成广场和盛成。

生1：盛成广场在仪征市扬子公园东大门门口。它是为了纪念国际著名学者盛成——这位年近百岁、为中法文化交流做出卓越贡献的"世纪老人"而建的。

生2：盛成先生是我们仪征人，是集作家、诗人、翻译家、语言学家为一身的著名学者。1899年2月6日，他出生于江苏仪征的一个没落的书香世家，自幼聪颖好学，少年时代便追随孙中山先生参加辛亥革命。1911年，在光复南京的战役中，盛成被誉为"辛亥革命三童子"之一，并受到孙中山先生的褒奖。

师：没想到，我们仪征居然还有如此享誉国内外的大学者。

生3：历史上，和我们仪征有着密切联系的人还有很多。我还知道仪征胥浦的历史典故，它是和春秋时期吴国的大将伍子胥紧紧地联系在一起的。（学生讲述伍子胥经胥浦过江的感人故事）

生4：我知道清代著名的篆刻家、书法家吴熙载也是仪征人。

生5：当代享誉海内外的著名经济学家厉以宁也是我们仪征人。

生6：宋代刘宰在《送邵监酒》里赞美仪征。（学生诵读）

送邵监酒

仪真来往几经秋，风物淮南第一州。
山势北来开壮观，大江东下峙危楼。
沙头缥缈千家市，舻尾连翩万斛舟。
此去烦君问耆旧，几人犹得守林丘。

师：仪征自古以来就是人文荟萃、名人辈出的地方！

希望仪征，从汽车工业园说起

（播放仪征汽车工业园宣传片）

师：请"希望仪征"寻访小组汇报所了解的汽车工业园。

组长：我们"希望仪征"寻访小组的任务是寻找仪征今天的辉煌，感受仪征发展的巨大成就。我们先后走访了仪征汽车工业园、仪征市化工园区，现场参观了我市已经建好的和正在兴建的现代化的铁路、公路、桥梁等设施。

生1：仪征汽车工业园成立于2003年5月，作为江苏省"十二五"期间重点打造的汽车生产基地，先后挂牌"国家火炬计划汽车及零部件产业基地""江苏省汽车及零部件特色产业基地""江苏省汽车及零部件科技产业园""江苏省汽车产业基地"。

生2：园区具有50万辆整车生产能力，现有上海大众仪征分公司、上海汽车商用车仪征分公司2家整车制造企业。

生3：上海大众仪征分公司，总投资超过100亿元，是德国大众在全球第二个、在中国首个标杆式整车工厂，年产30万辆整车。

生4：除了仪征汽车工业园，我们通过寻访和参观还知道，仪征已经建立了公路、铁路和船运等现代化立体交通运输体系。你们看，目前正在建设的几条现代化道路。（展示文昌西路西延工程等道路建设图片）

班会总结

师：看着这一幅幅画面，看到仪征在各个领域的喜人发展，我们作为仪征人，能不感到骄傲和幸福吗？可是，你们有没有想过，为什么我们能生活在如此幸福的环境里呢？

生1：我知道，是我们伟大的祖国。祖国的发展让老百姓的生活更加幸福。

生2：是我们党的政策好，始终想着造福百姓，所以，我们才能够如此幸福。

师：你们说得真好！对于我们伟大的祖国，2018年还是特别有意义的一年，你们知道吗？2018年是我们改革开放40周年。

（学生讲述自己的发现）

师：40年来，在中国共产党的领导下，我们不仅解决了老百姓的温饱问题，还走上了小康的道路。现在，我们正在朝着"强、富、美、高"的幸福生活新目标不断迈进。在不断追求物质生活的同时，我们的精神生活也越来越富足。

（回放班会中同学们展示的照片视频）

师：同学们，发展中的仪征，不仅有着悠久的历史、灿烂辉煌的文化，还有着许多令我们每一个仪征人值得骄傲的成就：枣林湾生态园、天乐湖度假区、庙山汉墓、润德菲尔庄园、捺山地质公园等景点，无不展示了家乡建设的新面貌；来过仪征的人，无不被我们的盐水鹅、陈集大椒盐、大仪牛肉、新城猪头肉等各类美食所吸引；仪征的发展史还伴随着一个个感人肺腑的名人故事……"风物淮南第一州""历史文化名城"名不虚传。今天，汽车工业园、化工园、滨江新城等一个个现代化的经济发展新成就，更让我们对仪征的未来充满无限憧憬。希望同学们努力学习，长大为建设美丽富强的新仪征贡献自己的力量。

[班会延伸]

1. "旅游仪征""美食仪征""文化仪征"和"希望仪征"四个寻访小组继续开展寻访活动,深入体验仪征的魅力,感受祖国改革开放以来在各个领域的伟大成就!

2. 在上述四个小组寻访的基础上,组织学生开展"绘制美丽仪征手抄报""写寻访心得"等主题活动,把爱家乡的主题教育活动进一步深入下去。

6月：班风

17．无规矩不成方圆

◎ 吉林省舒兰市第二实验小学　杜鹏飞

[班会背景]

当今社会有些人只注重个人利益而忽视公共制度，甚至无视法律尊严，做出触犯法律的事情。针对这种现象，我决定开展"无规矩不成方圆"主题班会，指导学生就"规则"与"自由"展开讨论，使学生明白只有遵守规则和法律才能达到实际意义上的"自由"。

[班会目的]

1．每个人只有在社会规则下，才能更好地追求属于自己的自由。

2．借助活动，使同学们懂得遵守规则，然后才能获得自由，才能享受和谐、团结的社会环境。

[班会流程]

一、游戏引入——掰手腕

师：同学们，你们喜欢做游戏吗？现在我们就来玩掰手腕的游戏，请同桌的两位同学来掰手腕。

（同桌之间进行掰手腕）

师：刚才我听见有很多同学有意见，主要是老师没有讲好游戏规则，同学们想怎么掰就怎么掰，可见，没有规则的游戏是不公平的。游戏需要规则，我们的生活和学习也需要规则，今天我们就来聊聊"规则"。

二、规则初体验

（一）游戏的规则

游戏：我是大力士

师：有规则的游戏是什么样的呢？让我们再次掰手腕，选出咱班的大力士吧！公布游戏规则。（幻灯片展示游戏规则）

1. 参赛选手必须使用右手进行比赛。
2. 比赛时，两位选手分别坐在桌子两侧，左手握拳置于背后，其余部位不得与桌面接触。
3. 发令后，谁先把对方的手掰倒，且手背碰到桌面即为获胜。
4. 在比赛过程中，选手双脚不能移动，肘部不能脱离桌面，身体不能来回剧烈晃动。

（组织学生按规则进行游戏）

师：有规则的游戏能让我们体会到游戏的快乐，游戏让我们明白，规则代表着公平。

（二）校园的规则

师：游戏有它的规则，那我们的校园有没有规则呢？

1. 说一说（老师引导学生讲出自己心中不同场地的规则）

（1）操场上的规则（篮球场、足球场……）

（2）走廊上的规则（上下楼梯、行走规范……）

（3）课堂上的规则（课间、听课、回答问题……）

（4）其他方面的规则（食堂、厕所、小学生守则……）

2. 我是小演员

师：原来我们校园有这么多的规则，如果校园规则被彻底打破会发生什么事情呢？我们一起即兴创编情景剧。

情景：假如我们每一个人都疯狂地追求无限自由，在校园内不遵守任何规则，想怎么样就怎么样，我们的校园会变成什么样？

要求：（1）小组合作，大胆创编情景剧，明确表演角色，尝试演一演。
（2）在表演的过程中，请同学们认真观看。

思考：表演的同学破坏了什么规则？给我们带来了什么样的影响？

师：通过表演我们能够感受到，世上没有绝对的自由。在校园内更不能抛弃规则讲自由。我们要知道，在校园中，规则是一种秩序，也是一种守护！

（三）生活的规则

师：聊完校园的规则，咱们再聊聊生活中的规则。我们的生活中有哪些规则呢？请同学们浏览一组图片，看看老师搜集的生活中的规则。

师：生活中的规则数不胜数，如果不遵守规则，会发生什么后果呢？请同学们认真观看视频！

视频内容：2018年10月28日10时08分，重庆市一辆公交车在桥上与小轿车发生碰撞后坠入江中。公交车坠江原因是一名女乘客坐车过了站点，要求提前下车，司机未同意，双方激烈争执致车辆失控，最终14名乘客和1名司机全部遇难。

师：看完这个视频你有什么感受？是什么导致这场悲剧的发生？
（学生回答）

师：我们应该为自己的行为和生命负责。在生活中，规则是一种约束，也是一种保护！

三、大胆说自由

师：游戏的规则告诉我们，规则代表的是公平；校园的规则告诉我们，规则是一种秩序，也是一种守护；生活的规则告诉我们，规则是一种约束，也是一种保护。那么，在这么多的规则下生活，我们难道一点自由都没有吗？

（小组交流，讨论在生活中感受到的自由，并在组内选出一个代表发言）

（小组讨论，代表发言）

师：请各组发言的同学代表组员，把写有"自由"的圆形卡纸贴在规则的圈内。我们还要全班选出一个代表,随机采访台下的两位老师,看看老师眼中的规则和自由是什么样的。

师:同学们,想不想知道老师眼中的规则和自由是什么样的?规则和自由并不矛盾,它们就像古代的铜钱一样,内方外圆,方代表的是规则,圆代表的就是自由,正所谓"无规矩不成方圆"!我们只有真正地接受规则,才能获得真正的自由!最后送给同学们一句话:堂堂正正做人,规规矩矩做事,做一个守规则的自由人!

四、板书设计

无规矩不成方圆

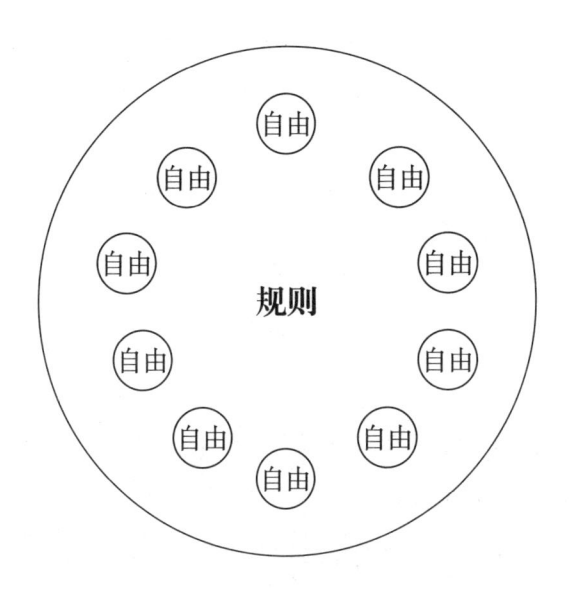

（圆形板书：中心"规则"，周围环绕八个"自由"）

6月：班风

18. 再见，四年级！

◎ 广东省佛山市南海区石门实验小学　李晓慧

[班会背景]

在小学阶段，从四年级升入五年级，是中年级进入高年级的一个转折。通过调查发现，即将升入五年级的学生并没有做好准备。为了调整学生的心态，调动学生学习的热情，引导学生接受成长的转变，把已有的成绩作为成长的动力，特组织此次班会。

[班会目的]

1. 引导同学回顾四年级的得与失，总结经验，化为动力。

2. 引导学生认识到五年级是成长的必经阶段。

3. 憧憬五年级，为积极面对五年级做更充分的准备。

[班会流程]

班会导入

主持人：回忆总是美好的，但未来才有绘制更精彩的可能。让我们一起更珍惜过去的美好，更努力绘制精彩的未来。

一、回忆——我曾经奋斗的美丽

主持人：请大家跟随着视频看看自己的成长经历吧！（播放学生成长小视频，配主持人旁白）

2006年我出生了,在我呱呱落地的那一刹那,全家人都把最美好的祝福送给了我。在爸爸妈妈、爷爷奶奶、外公外婆的悉心照料下,我慢慢地长大了。第一次学说话、第一次走路、第一次摔跤、第一次走进幼儿园、第一次走进小学……无数个第一次,都有亲人的陪伴。

2012年我来到了石门实验小学,走进了一(10)班的教室,认识了和我一样懵懵懂懂的你们。从此我们就在老师的照顾下开启了小学生活。从一年级到现在,随着年龄的增长,我们学到的知识越来越多,掌握的技能也越来越多,通过努力奋斗,我的成就越来越多,也越来越自信……

主持人:欣赏完视频,请同学们一起来分享四年级的美好回忆吧。

1. 学习篇:我会学

生1:课堂上,我认真听讲,积极举手回答问题。课后我不懂就问,有时还会在走廊上拦着老师问问题。我不想做学霸,但我要用积极的学习态度来对待每一天。

生2:学校对我们的课堂提出了高要求,听、说、读、写都有具体的要求,我不是做得最好的那一个,但我一直坚持在做。我相信,做好了,受益的肯定是自己!

生3:班会课,我会主动参与布置黑板,我会积极申报做小主持人。通过一次次锻炼,我的板报设计水平、审美能力提高了,我的语言表达能力越来越好,站在台上说话腿不抖了。

生4:学习,其实也可以很快乐!

2. 生活篇:我会生活

生1:文明餐厅,心怀"四心"用餐,我学会了用餐礼仪。

生2:在校,自己的衣袜自己洗。在家,我还会主动帮妈妈做饭,整理房间,照顾妹妹。我们不做衣来伸手、饭来张口的"小公主""小皇帝"。

生3:自己的事情自己做,很快乐!

3. 活动篇:我会乐

生1:周末大舞台、合唱比赛、科技节、心育节、艺术节都是我的最爱。

生2:参加周末大舞台,我体验了一把明星的感觉。

生3：合唱比赛时，我实现了当主唱的梦想。

生4：看了科技节上的鸡蛋撞地球，我被同学们的创意折服。

生5：心育节让我学会了给自己减压，也让我学会了宽容。

生6：在艺术节上，我实现了自己的金牌梦、体育梦、画家梦。

4．亲情篇：我会玩

生1：玩是我们的天性！班级每学期都会由家委会牵头组织社会实践活动。

生2：我们去过高明森林假日学校、侨鑫生态园、南丹山拓展、三水宝苞农场、广州金龙鱼厂、辛亥革命纪念馆……

生3：我们和爸爸妈妈一起参观、一起学习、一起游戏、一起野炊、一起种菜、一起插秧……

生4：丰富的社会实践活动让我们从书本中走出来，拓宽了自己的视野，增长了见识，体验了别样的生活乐趣。

5．荣誉篇：几分耕耘几分收获

主持人：一分耕耘一分收获，因为我们的努力，在四年级我们取得了一项又一项的成绩。

（由获奖学生介绍荣获的各项荣誉）

主持人：热烈的掌声再一次证明，四年级的我们，真的很不错！让我们一起跟随音乐动起来！

同学们，相信你们和我一样，无论在哪个成长阶段，总少不了父母、亲人的照顾，总少不了老师的关心与帮助，也总少不了自己积极努力的奋斗。让我们用最热烈的掌声表达对他们和我们自己最衷心的谢意！

今天，我们已成为一名五年级的学生啦！小学四年的学习已让我们积蓄了足够的力量，所以我们绝对有能力去接受五年级的挑战。来听听大家怎么说吧！

二、拥抱——我即将挑战的兴奋

(一) 父母送祝福

主持人：成绩里有我们的努力，也有父母、老师对我们的帮助！爸爸妈妈听说了我们今天的班会活动，他们也想对大家说几句。

（播放爸爸妈妈送祝福、送希望的视频）

（二）老师送祝福

主持人：曾经和我们在四年级并肩作战过的李老师也送来了祝福。

（播放老师送祝福、送希望的视频）

（三）书写心愿，励志未来

主持人：感谢爸爸妈妈和老师们的祝福！成长的路上，我们不孤独。父母、老师、同学都在我们左右。

同学们，四年级已经过去，迎接我们的是崭新的五年级，我准备好了，你呢？让我们一起写下五年级的心愿，贴在心愿墙上。

（播放音乐，学生书写心愿，有序粘贴心愿卡）

三、班会小结

主持人：快乐的时间总是那么短暂，我们的班会课活动已接近尾声，下面有请班主任李老师总结。

师：同学们，李老师很荣幸能成为大家成长路上的见证者和参与者。我想和大家分享一句话：愿望是进取的起点，习惯是成才的基础，努力是成功的阶梯，选择行动塑造最优秀的自己。

主持人：让我们挥挥手和四年级说声"再见"，带着满满的自信和能量，向五年级出发！

[班会延伸]

1. 在《日行九善》手册上记录当天的班会活动心得。

2. 周末回家和父母分享班会活动过程，表达对父母的谢意，邀请父母和自己一起制订五年级学习计划。

我有一个梦想（代后记）

秦 望

班主任工作是我教师生涯的重要组成部分，当我沉醉于这一"广阔天地"时，逐渐萌发了终生从事班主任工作实践与研究，为"班主任学"的建立添砖加瓦的梦想。

为此，从2005年开始，我和身边的班主任组建了"8+1工作室"这一班主任工作研究团队，并在走遍全国的讲学活动中吸引了很多同行一起从事这一事业。我们紧紧围绕中小学班主任工作所需，边实践、边记录、边研讨、边整理，编写班主任工作书系的想法越来越强烈。

我在实践基础上提炼了班主任必修12课——日常管理、文化建设、特殊学生、管理队伍、活动组织、主题班会、家校共育、沟通艺术、心理辅导、案例分析、课程开发、专业成长等，还在此基础上撰写了一组文章解读这12个主题，每个主题追溯历史发展脉络，提炼核心内容，提供文章和书单，指引学习实践方法，勾画出班主任专业成长路线图。

同时，我在指导全国各地"班主任工作室建设实验校"过程中，浏览了数百本有关班主任工作的图书，遗憾的是，我发现适合做"教科书""参考书"的数量有限，远远满足不了全国450多万名班主任学习的需要。于是，我着手围绕这12个主题编写班主任读本。

2015年，"8+1工作室"启动了"中小学班会教学参考书"的编写计划，2016年9月，我主编的三卷本《高中系列班会课》出版，同时启动的《初中系列班会课》

《小学系列班会课》的编写，却进行得曲曲折折。

在本书编写过程中，我得到了"8+1工作室"伙伴们的鼎力支持，伙伴们提供了许多实际案例。江苏扬州卜恩年老师长期奋战在小学班主任岗位，对小学教育情有独钟，我们合力搭建《小学系列班会课》框架，带领团队奋斗了两年，终于在2019年交稿。

借本书出版之机，向一直支持我、关心我成长的前辈丁如许、张万祥、唐云增、迟希新、李镇西、张国宏、熊华生、魏强等老师表达真诚的敬意！向给我班主任工作研究以很大启发的班主任工作研究专家王立华、陈宇、李家成等朋友表示感谢！还有众多同行，感谢你们的鼓励与帮助，让我们为中国"班主任学"的建立而共同奋斗！